DEVELOPING CHINESE FLUENCY
An Introductory Course

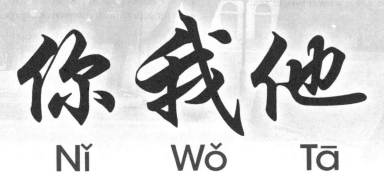

Nǐ   Wǒ   Tā

VOLUME 2

SIMPLIFIED CHARACTERS EDITION

LITERACY WORKBOOK

张霓   **Phyllis Zhang**

with *Reading Program* by

孟苑苑   Yuan-Yuan Meng

❖ Cengage

Australia • Brazil • Canada • Mexico • Singapore • United Kingdom • United States

For product information and technology assistance, contact us at
Cengage Customer & Sales Support, 1-800-354-9706 or support.cengage.com.

For permission to use material from this text or product, submit all requests online at **www.copyright.com.**

ISBN-13: 978-1-285-45682-9
ISBN-10: 1-285-45682-3

Cengage
200 Pier 4 Boulevard
Boston, MA 02210
USA

Cengage is a leading provider of customized learning solutions with employees residing in nearly 40 different countries and sales in more than 125 countries around the world. Find your local representative at: **www.cengage.com.**

To learn more about Cengage platforms and services, register or access your online learning solution, or purchase materials for your course, visit **www.cengage.com.**

Printed in the United States of America
Print Number: 02   Print Year: 2022

Contents

Contents

Reading Program

我的故事

UNIT 8

About a Past Event

A | 第一课 | 今天我出去了
I went out today

A | 8.1 | Trace and Write

The Trace and Write exercise below includes most characters listed in this lesson. Depending on your instructional pace, you may be asked to practice some or all of the characters. Follow your instructor's directions.

Tips for effective memorization

❶ For each character you are going to practice, first analyze the character's composition: How many parts does it have? Are strokes top-down or left-right? What about the radical?

❷ Look at the character animation once, then guided by the animation, follow the stroke order in the air using your finger. Do this for at least three times.

❸ **Test yourself:** Without looking at the animation, do you still remember how the strokes flow? Look at the animation again to verify the correct stroke order.

Follow these steps closely:

▶ With your character animation source ready for reference, start tracing the character. Finish each stroke at once without repairing, and continue to finish tracing each item.

▶ Then, in the blank boxes provided, write the character by yourself. If you forget the stroke order, look at the animation again to refresh your memory.

▶ Do not cheat by writing strokes randomly. If you do, it will be difficult for you to remember the strokes in a character. Keep in mind: stroke order is key to your character memorization and retention!

▶ Remember to rewrite these characters within a few hours to help memory consolidation and retention.

1) 餐 cān: meal (formal use)　中餐，西餐；喜欢吃中餐还是西餐？
(中 : Chinese;　西 : Western)

餐	餐	餐		中	餐			西	餐	

2) 餐厅 cāntīng: cafeteria, dining hall, restaurant　学生餐厅，西餐厅
(厅 : hall)

厅	厅	厅		餐	厅			餐	厅	

3) **面包** miànbāo: bread 一个面包，一片面包

(面 : wheat flour, dough; 片 piàn: slice)

面	面	面		面	包	面	包			

4) **鸡蛋** jīdàn: (chicken) egg 一个鸡蛋

(鸡 : chicken; 蛋 : egg)

鸡	鸡	鸡		蛋	蛋	蛋		鸡	蛋	

5) **糕** gāo: cake-like food, cake 蛋糕，生日蛋糕，年糕 (New Year cake)

(糕 : has a "rice" radical, 米 mǐ, as 糕 is often made of rice flour)

糕	糕	糕		蛋	糕			年	糕	

6) **面条** miàntiáo: noodles 一碗面条

(面 : food made of flour or dough; 条 : long and thin strip; 碗 wǎn: bowl)

条	条	条		面	条	面	条			

7) **火锅** huǒguō: hot pot 吃火锅

(火 : fire; 锅 : pot, pan, wok)

锅	锅	锅		火	锅	火	锅			

8) **饮料** yǐnliào: drink, beverage 想买什么饮料？你们有什么饮料？

(饮 : drink; 料 : material)

饮	饮	饮		料	料	料		饮	饮	

9) **喝** hē: drink 喝饮料，你喜欢喝什么饮料？这个饮料很好喝

喝	喝	喝		喝	饮	料				

10) **水** shuǐ: water 喝水，冷水，热水

水	水	水		冷	水			热	水	

11) **牛奶** niúnǎi: milk 喝牛奶，冷牛奶
(牛: cow; 奶: milk)

牛	牛	牛		奶	奶	奶		牛	奶	

12) **汽水** qìshuǐ: soda water, soft drink 想喝什么汽水？很好喝的汽水
(汽: gas)

汽	汽	汽		水	水	水		汽	水	

13) **咖啡** kāfēi: coffee 喜欢喝咖啡，喝什么咖啡？

咖	咖	咖		啡	啡	啡		咖	啡	

14) **酒** jiǔ: alcoholic drink, liquor 红酒，白酒，中国酒，外国酒

酒	酒	酒		红	酒			白	酒	

15) **杯子** bēizi: cup, glass 一个杯子，谁的杯子？
(杯 is used as a measure word: 一杯酒，一杯水，一杯牛奶，一杯咖啡)

杯	杯	杯		杯	子	杯	子			

16) **瓶子 píngzi**: bottle 一个瓶子，我的水瓶，那个酒瓶

(瓶 is used as a measure word: 一瓶酒，一瓶牛奶，一瓶水)

瓶	瓶	瓶		瓶	子	瓶	子			

17) **碗 wǎn**: bowl 一个碗，一个很漂亮的碗

(碗 is used as a measure word: 一碗饭，一碗面条)

碗	碗	碗		一	碗	饭				

18) **顿 dùn**: (measure word, used for meals) 一顿饭，一顿西餐；每天吃几顿饭？

顿	顿	顿		一	顿	饭				

19) **场 chǎng**: (measure word, used for movies seen in the movie theater) 一场电影

场	场	场		一	场	电	影			

20) **电影院 diànyǐngyuàn**: movie theater

院	院	院		电	影	院				

21) **告诉 gàosu**: tell, inform, convey 告诉她一件事

告	告	告		诉	诉	诉		告	诉	

22) **刚才 gángcái**: just now, a moment ago 刚才我在上课，刚才我在打电话

刚	刚	刚		刚	才	刚	才			

23) 等 děng: wait 请等一下

等	等	等		等	一	下				

24) 挂 guà: hang up 别挂电话，我挂（电话）了

挂	挂	挂		挂	电	话				

25) 放心 fàngxīn: Don't worry. 请放心
(放: put down; 心: heart)

放	放	放		心	心	心		放	心	

A | 8.2) Pinyin to Characters

Write out the characters that correspond to the pinyin. Pay special attention to the stroke order.

1) _____
   chī zhōngcān háishi xīcān

2) _____
   hē jǐ bēi yǐnliào

3) _____
   nǎge diànyǐngyuàn

4) _____
   miànbāo hé niúnǎi

5) _____
   měi tiān chī jǐ dùn fàn

6) _____
   mǎi yì píng hóngjiǔ

7) _____
   miàntiáo hé jīdàn

8) _____
   kàn yì chǎng diànyǐng

9) _____
   bié gàosu tāmen

10) _____
   nǐ yào shuǐ háishi qìshuǐ

Write the pinyin for each phrase/sentence.

1) 做一个生日蛋糕 _____

2) 刚才出去买啤酒 _____

3) 去酒吧还是歌舞厅 _____

4) 请等一下，别挂电话 _____

5) 没问题，请放心 _____

First read each item until you understand it fully. Then type it out using pinyin. <u>Check your output to make sure the characters are accurate.</u>

Review the vocabulary lists in this lesson before doing this exercise. Type each item twice.

1) 我想告诉你一件事，可是你不能告诉别人。

2) 刚才你给我打电话的时候，我正在电影院看电影。

3) 你昨天做作业了没有？
   —做了，做了一个多钟头。
            zhōngtóu

4) 你吃早点了没有？
   —吃了。我吃了一片面包，一个鸡蛋，还喝了一杯牛奶。
            piàn   jīdàn

5) 你们昨天去中国餐馆了吗？
   —去了，可是我只吃了一碗面条，没吃别的。
                    wǎn

6) 你刚才去哪儿了？
   —我的一个朋友过生日，我们出去吃饭了。

7) 你们吃了什么？
   —— 我们吃了披萨，还吃了一个很大的蛋糕。
   pīsà

8) 你们喝酒了吧？
   —— 没喝酒，只喝了几瓶汽水。

9) 吃饭以后你们去看电影了吗？
   —— 没去看电影，我们去歌舞厅了。

10) 你们在那里待了多久？
    —— 我们只待了一个多小时就回来了。

B 第二课 你是跟谁去的？
Who did you go with?

B 8.1 Trace and Write

1) **约会** yuēhuì: date, appointment 跟谁约会？ 在哪里约会？

(约: ask sb. to do sth. together, make an appointment; 会: meeting)

约	约	约		约	会	约	会		

2) **发短信** fā duǎnxìn: text 发一个短信，给他发一个短信

(发: send electronically; 短: short; 信: letter, message)

短	短	短		信	信	信		短	信	
发	发	发		发	短	信				

3) **接电话** jiē diànhuà: answer the phone 接一个电话，没接电话

(接: pick up, receive)

接	接	接		接	电	话				

4) **回电话** huí diànhuà: call back 回了一个电话，没回他的电话

回	电	话		没	回	电	话		

5) **来电话** lái diànhuà: Sb is calling (referring to an incoming call) 他来电话了，是谁来的电话？

来	电	话		谁	来	电	话		

6) **挂电话** guà diànhuà: hang up the phone 别挂电话，我挂了

挂	电	话		挂	电	话			

7) **想 (问题)** xiǎng (wèntí): think, ponder (over a question) 想这个问题想了一天

想	问	题		想	问	题			

8) **聊天** liáo//tiān: chat 喜欢聊天，经常跟朋友聊天，聊了一个钟头（天）

聊	聊	聊		聊	天	聊	天		

9) **打车** dǎ//chē: take a taxi 坐车去还是打车去？打了一辆车

(辆 liàng: measure word for vehicles)

打	车	打	车		打	一	辆	车	

10) **看见** kànjiàn: see, catch sight of 看见一个人，昨天没看见她

看	见	看	见		没	看	见		

11) **一边…** yìbiān: (一边…，一边…) (doing two things) at the same time, simultaneously

一边唱歌，一边跳舞

一	边	唱	歌		一	边	跳	舞	

12) **自己** zìjǐ: oneself 问你自己，你自己去，自己学中文

自	自	自		己	己	己		自	己

13) 开心 kāixīn, happy, elated 玩得很开心，聊天聊得很开心

| 开 | 心 | 开 | 心 | | 聊 | 得 | 很 | 开 | 心 | |

14) 怎么办 zěnmebàn: what should I/we do? 我没钱了，怎么办？

(办: do, handle a task)

| 办 | 办 | 办 | | 怎 | 么 | 办 | | | |

B 8.2 Pinyin to Characters

Write out the characters that correspond to the pinyin. Pay special attention to the stroke order.

1) _____
   gěi tā fāle jǐ gè duǎnxìn

2) _____
   bié huí nàge diànhuà

3) _____
   gēn péngyou liáole hěn jiǔ

4) _____
   wánr de hěn kāixīn

5) _____
   méi jiē tā de diànhuà

6) _____
   hái méi guà diànhuà

7) _____
   gāngcái tā láile liǎng gè diànhuà

8) _____
   méi gēn tā yuēhuì

Read the whole passage, then write the pinyin directly under each underlined item.

刘英问晓雪星期六去哪儿了，晓雪说她<u>出去</u>
看电影了，是阿龙<u>请她看</u>的电影。他们是在<u>电影院</u>
里看的。他们<u>先</u>去电影院看了一个电影，<u>然后又去</u>
<u>餐馆</u>吃晚饭，<u>一边</u>吃饭，一边<u>聊天</u>。吃了饭以后，
他们还去<u>跳了一个钟头</u>的<u>舞</u>。他们是<u>走路</u>去的，
<u>打车</u>回来的。晓雪问刘英，<u>如果</u>阿龙想做她的男朋
友，她<u>应该怎么办</u>。刘英说，晓雪应该<u>问自己</u>喜欢
不喜欢阿龙。晓雪说，这个<u>问题</u>她想了一天了，可
是还是不知道喜欢不喜欢阿龙。

First read each item until you understand it fully. Then type it out using pinyin. <u>Check your output to make sure the</u> <u>characters are accurate.</u>

Review the vocabulary lists in this lesson before doing this exercise. Type each item twice.

1) 你们假期里去哪儿了?
　— 我去香港了。
　　　　Xiānggǎng

2) 你是从哪里去香港的?
　— 我是从广州去的。

3) 你是坐火车去的还是坐飞机去的?
　— 我是从广州坐火车去的。

4) 火车坐了多长时间?
　— 只坐了两个小时。

5) 那你在香港待了多长时间?
　— 我在那里待了5天。

6) 你是一个人去的还是跟别人一起去的?
　— 我是跟我父母一起去的。

7) 你还在跟李老师学法语吗?
　　　　　　Fǎyǔ
　— 对,我已经学了一年了。你呢?

8) 我在一边学日语,一边学英语。
　— 你是什么时候开始学的? 跟谁学的?

9) 我是两年以前开始学的,跟一个日本朋友学的。
　— 他教得怎么样?

10) 他教得很不错,我也学得很开心。我们经常一起聊天,也一起旅行。

UNIT 9
Background and Experiences

A | 第一课

我以前没来过中国
I have never been to China before

A | 9.1 | Trace and Write

1) 国际 guójì: international

2) 交流 jiāoliú: exchange 国际交流，交流中心

3) 留学 liú//xué: study abroad 去中国留学，没留过学；外国留学生

(留 : retain, stay)

4) 出国 chū//guó: go abroad 想出国，出国留学，没出过国

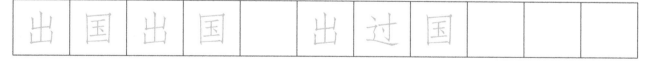

5) 修课 xiū//kè: take a course 修什么课？修几门课？

(修: study; 门 mén: measure word for a subject/course)

6) **专业 zhuānyè**: major 什么专业？英文专业

专	专	专		专	业	专	业		

7) **主修 zhǔxiū**: field of study 我的主修专业是中文

(主 : main, dominant)

主	主	主		修	修	修		主	修	

8) **辅修 fǔxiū**: minor 你想辅修什么？

(辅 : assist, supplement, complement)

辅	辅	辅		辅	修	辅	修		

9) **学期 xuéqī**: school term, semester 一个学期，这个学期，上个/下个学期

学	期	学	期		这	个	学	期		

10) **数学 shùxué**: mathematics 喜欢数学，上数学课，数学难不难？

(数 : number；学 : studies)

数	数	数		数	学	数	学		

11) **历史 lìshǐ**: history 美国历史，历史很长，历史课

历	历	历		史	史	史		历	史	

12) 语文 yǔwén: language arts　每周都有语文课，两节语文课

语	文	语	文		语	文	课			

13) 经济 jīngjì: economics　国际经济，经济学，主修经济

经	经	经		济	济	济		经	济	

14) 门 mén: (measure word, for subjects or courses of study)　每学期修几门课？这门课

门	门	门		这	门	课				

15) 辅导 fǔdǎo: coach, tutor　给他辅导数学，辅导得很好；他是我的中文辅导
(辅: assist; 导: guide)

辅	辅	辅		导	导	导		辅	导	

16) 听说 tīngshuō: hear about, be told　听说国际中心有活动，听说她是中国留学生

听	听	听		听	说	听	说			

17) 找 zhǎo: look for, seek　找一个辅导，找一个朋友

找	找	找		找	辅	导				

18) 帮 bāng: help, aid　请你帮我买一本中文书；我帮他找英文辅导

帮	帮	帮		帮	我	买				

19) **选** xuǎn: select, choose 选一门课，选修课

选	选	选		选	修	课			

20) **虽然** suīrán: although 这件衣服虽然很贵，可是非常好。

虽	虽	虽		然	然	然		虽	然	

21) **但(是)** dàn(shì): but 他是美国人，但(是)中文说得很好。

但	但	但		但	是	但	是			

22) **从来(不/没)** cónglái (bù/méi): all along, always (never)

从来没去过那里，从来不说英语

从	来	从	来		从	来	没			

23) **次** cì: (measure word, used for frequency of occurrence) 几次？去过两次，吃过很多次中国饭

次	次	次		去	过	几	次			

24) **第** dì: (prefix, used for ordinal numbers, e.g., 第一, 第二, etc.)

第几次？第二次吃中国饭，第一次来北京

第	第	第		第	几	次			

Write out the characters that correspond to the pinyin. Pay special attention to the stroke order.

1) _____
   guójì jiāoliú zhōngxīn

2) _____
   zhǔxiū Yīngwén

3) _____
   bāng wǒ zhǎo yí gè fǔdǎo

4) _____
   wàiguó liúxuéshēng

5) _____
   zhège xuéqī

6) _____
   cónglái méi tīngshuō guò

7) _____
   Zhōngwén zhuānyè

8) _____
   xiū wǔ mén kè

9) _____
   dì èr cì chūguó

10) _____
   suīrán xué guò Zhōngwén

Write the pinyin for each phrase/sentence.

1) 几门必修课 _____

2) 很多选修课 _____

3) 主修经济 _____

4) 辅修历史 _____

5) 数学课很难 _____

First read each item until you understand it fully. Then type it out using pinyin. <u>Check your output to make sure the characters are accurate.</u>

Review the vocabulary lists in this lesson before doing this exercise. Type each item twice.

1) 你的朋友在高中的时候学过什么外语？
   — 听说她学过法语。

2) 那她去过法国吗？
   — 听说她去过英国，但是可能没去过法国。

3) 你看过中国电影吧？
   — 对，我看过两个中国电影。

4) 你看过什么中国电影？
   — 我看过功夫熊猫 (Kung Fu Panda)。
        gōngfū xióngmāo

5) 我也看过那个电影，我看过两次！
   — 是吗？你也学过功夫吗？

6) 从来没学过，但我喜欢看功夫电影。
   — 我也喜欢电影，还修过电影课。

7) 是吗？上个学期我也修了一门电影课，看了很多电影。
   — 电影课很有意思！

8) 你这个学期修什么课？
   — 除了两门中文课以外，我还修历史课和经济课。

9) 你是中文专业吗？
   — 对，虽然我主修中文，但我也想辅修历史。你呢？

10) 我的专业是国际政治，但我还没选我的小专业。
        zhèngzhì

UNIT 9
Background and Experiences

B | 第二课 | 请介绍一下你的情况
Tell me about yourself

B | 9.1 | Trace and Write

1) 情况 qíngkuàng: situation   学习情况，经济情况，留学情况
(情 : situation; 况 : status, condition)

| 情 | 情 | 情 | | 况 | 况 | 况 | | 情 | 况 | |

2) 能力 nénglì: ability   外语能力，听说能力，这个人的能力
(能 : able, capable; 力 : power, strength)

| 力 | 力 | 力 | | 能 | 力 | 能 | 力 | | | |

3) 听力 tīnglì: listening skill   中文听力，听力不够好

| 听 | 力 | 听 | 力 | | 听 | 力 | 不 | 好 | |

4) 口语 kǒuyǔ: conversation skill   你的中文口语怎么样？

| 口 | 语 | 口 | 语 | | 中 | 文 | 口 | 语 | |

5) 交换 jiāohuàn: exchange (language)   语言交换

| 交 | 交 | 交 | | 换 | 换 | 换 | | 交 | 换 | |

6) 介绍 jièshào: introduce   介绍一下情况，介绍你自己

| 介 | 介 | 介 | | 绍 | 绍 | 绍 | | 介 | 绍 | |

7) 提高 **tígāo**: raise, improve 提高能力

(提 : to raise, lift)

| 提 | 提 | 提 | | 高 | 高 | 高 | | 提 | 高 | |

8) 帮助 **bāngzhù**: help, assist, aid 帮助同学，她帮助我提高中文

(帮 : help; 助 : assist)

| 帮 | 帮 | 帮 | | 助 | 助 | 助 | | 帮 | 助 | |

9) 练习 **liànxí**: practice, exercise 练习中文，练习听力和口语

| 练 | 练 | 练 | | 练 | 习 | 练 | 习 | | | |

10) 见面 **jiàn//miàn**: meet 跟朋友见面，见过几次面，每周见两次面

(见 : see; 面 : face)

| 见 | 面 | 见 | 面 | | 见 | 几 | 次 | 面 | | |

11) 愿意 **yuànyì**: be willing 愿意试试，愿意帮助她

| 愿 | 愿 | 愿 | | 意 | 意 | 意 | | 愿 | 意 | |

12) 回话 **huíhuà**: reply, answer 给他回话，还没回话，明天给他回话

| 回 | 话 | 回 | 话 | | 明 | 天 | 回 | 话 | | |

13) 意思 **yìsi**: meaning 这个字是什么意思？

| 意 | 意 | 意 | | 思 | 思 | 思 | | 意 | 思 | |

14) **明白** míngbai: clear, understand 我（不）明白你的意思

（明: clear, apparent; 白: explicit, clear, plain）

| 明 | 白 | 明 | 白 | | 明 | 白 | 意 | 思 | | |

15) **方便** fāngbiàn: convenient 对我很/不方便；你什么时候方便

| 方 | 方 | 方 | | 便 | 便 | 便 | | 方 | 便 | |

16) **比较** bǐjiào: rather, relatively 比较方便，比较好，比较有意思

| 比 | 比 | 比 | | 较 | 较 | 较 | | 比 | 较 | |

17) **号码** hàomǎ: number, code 电话号码，手机号码，几个号码

（码: code）

| 号 | 号 | 号 | | 码 | 码 | 码 | | 号 | 码 | |

18) **地址** dìzhǐ: address 你的地址，学校的地址

| 址 | 址 | 址 | | 地 | 址 | 地 | 址 | | | |

19) **路** lù: road, path, way 这是什么路？你家在哪条路？一条很长的路

（条: measure word, used for long objects, e.g., pants, road, street）

| 路 | 路 | 路 | | 哪 | 条 | 路 | | | | |

20) 街 jiē: street 你家在哪条街？这条街叫什么名字？

| 街 | 街 | 街 | | 街 | 的 | 名 | 字 | | | |

21) 或者 huòzhě: or 今天或者明天，上午或者晚上

| 或 | 或 | 或 | | 者 | 者 | 者 | | 或 | 者 | |

B 9.2 Pinyin to Characters

Write out the characters that correspond to the pinyin. Pay special attention to the stroke order.

1) _____
   jièshào yíxià nǐ de qíngkuàng

2) _____
   liànxí tīnglì hé kǒuyǔ

3) _____
   diànhuà hàomǎ hé dìzhǐ

4) _____
   gēn shéi jiànmiàn, jiàn jǐ cì miàn

5) _____
   tígāo nǐ de tīngshuō nénglì

6) _____
   bāngzhù wǒ xuéxí Zhōngwén

7) _____
   míngtiān gěi nǐ huíhuà

8) _____
   zhōumò duì wǒ bǐjiào fāngbiàn

Read the whole passage, then write the pinyin directly under each underlined item.

杰克今天到国际交流中心来，想请中心的人帮
Jiékè

他找一个中文辅导。刘英正好是中心的助理。刘英
Liú Yīng

告诉他，中心很愿意帮他找一个辅导或者语伴，帮

助他练习口语和听力，提高他的听说能力。虽然杰

克从来没有做过语言交换，但他很愿意试试看。他

打算每星期跟语伴见两次面，每次1个小时。他说周

末对他比较方便，下午或者晚上都可以。刘英请杰

克给她电话号码和地址，她告诉杰克，过两天会给

他回话。杰克很高兴国际交流中心能帮助他。

First read each item until you understand it fully. Then type it out using pinyin. <u>Check your output to make sure the characters are accurate.</u>

Review the vocabulary lists in this lesson before doing this exercise. Type each item twice.

1) 你好，请问这是留学生办公室吗？
　　— 对。请问你有什么事？

2) 我是留学生，我昨天给你们打过电话。
　　— 你好！麻烦你介绍一下你的情况。

3) 我以前学过两年的中文，可是已经有半年没说中文了，
　　现在我的口语很不好。
　　— 我觉得你说得很不错！

4) 可是我的听力不够好，我想练习听力和口语。
　　你们可以帮我找一个语伴吗？
　　— 我们可以试试。你是第一次找语伴吗？以前做过语言交换吗？

5) 以前做过两个月，我有过一个语伴。
　　— 太好了！我们现在正好有一个很合适的语伴，是外语学社的。
　　　　　　　　　　　　　　　　　héshì

6) 是吗？那我们什么时候可以开始？
　　— 下周就可以开始。你想每周见几次面？

7) 2次或者3次，每次1小时。可以吗？
　　— 没问题，哪几天对你方便？

8) 周六或者周日都可以。
　　— 好的，麻烦你告诉我你的地址和电话号码。

9) 我的地址是留学生3号宿舍楼605室，电话号码是13648573655
　　— 好的，也麻烦你写一下你的电子信箱，我们给你发邮件。
　　　　　　　　　　　　　　　xìnxiāng　　　　　　　　yóujiàn

10) 那太好了！谢谢你们的帮助。
　　— 不客气。我们过两天给你回话。

A | 第一课

每个人的口味不一样
Everyone's taste is different

A | 10.1 | Trace and Write

1) 味道 wèidào: taste, flavor　这是什么味道

| 味 | 味 | 味 | | 道 | 道 | 道 | | 味 | 道 | |

2) 口味 kǒuwèi: one's taste; flavor of food　每个人的口味不同

| 味 | 味 | 味 | | 口 | 味 | 口 | 味 | | | |

3) 米饭 mǐfàn: cooked rice　吃米饭还是面条？一碗米饭，白/黄米饭
(米 : uncooked rice)

| 米 | 米 | 米 | | 饭 | 饭 | 饭 | | 米 | 饭 | |

4) 菜 cài: dish, course　这个菜很好吃，广东菜，上海菜，四川菜

| 菜 | 菜 | 菜 | | 中 | 国 | 菜 | | | | |

5) 菜单 càidān: menu　看一下菜单

| 单 | 单 | 单 | | 菜 | 单 | 菜 | 单 | | | |

6) 素菜 sùcài: vegetarian/vegetable dish　喜欢吃素菜，他是吃素(菜)的
(素 : plain)

| 素 | 素 | 素 | | 素 | 菜 | 素 | 菜 | | | |

7) 荤菜 hūncài: meat dish 喜欢吃荤菜，他荤菜素菜都吃

荤	荤	荤		荤	菜	荤	菜			

8) 水果 shuǐguǒ: fruit 有什么水果？很好看的水果

水	水	水		果	果	果		水	果	

9) 鸡 jī: chicken 一只鸡，很小的鸡

(只 : measure word for most animals)

鸡	鸡	鸡		几	只	鸡				

10) 鸭/鸭子 yā/yāzi: duck 北京鸭，这只鸭子很大

鸭	鸭	鸭		北	京	鸭				

11) 鱼 yú: fish 喜欢吃鱼，一条鱼

(条 tiáo: measure word for 鱼)

鱼	鱼	鱼		一	条	鱼				

12) 肉 ròu: meat 吃什么肉？鸡肉，鱼肉，红肉，白肉

肉	肉	肉		鸡	肉			鱼	肉	

13) 海鲜 hǎixiān: seafood 喜欢吃海鲜，什么海鲜？

(海 : sea; 鲜 : fresh, delicious)

海	海	海		鲜	鲜	鲜		海	鲜	

14) **比 bǐ**: compared with, than 这个比那个好，比那个多，比那个好吃

| 比 | 比 | 比 | | 比 | 那 | 个 | 好 | | | |

15) **尝 cháng**: taste, sample (food) 尝尝这个菜，尝一下味道

| 尝 | 尝 | 尝 | | 尝 | 味 | 道 | | | | |

16) **怕 pà**: afraid, fear, can't stand 怕吃肉，很怕吃这个菜

| 怕 | 怕 | 怕 | | 怕 | 吃 | 什 | 么 | | | |

17) **甜 tián**: sweet 甜的东西，很甜

| 甜 | 甜 | 甜 | | 甜 | 的 | 东 | 西 | | | |

18) **咸 xián**: salty 咸的东西，很咸，不太咸

| 咸 | 咸 | 咸 | | 太 | 咸 | 太 | 咸 | | | |

19) **酸 suān**: sour 味道有点酸，这个水果太酸了

| 酸 | 酸 | 酸 | | 有 | 点 | 酸 | | | | |

20) **辣 là**: hot (spicy) 味道非常辣，有点辣，她怕辣；酸辣味

| 辣 | 辣 | 辣 | | 不 | 怕 | 辣 | | | | |

21) **苦** kǔ: bitter　有点苦，非常苦

苦	苦	苦		非	常	苦			

22) **麻** má: numbing　麻辣味，很麻很辣，又麻又辣

麻	麻	麻		麻	辣	麻	辣		

23) **淡** dàn: bland, tasteless　味道很淡，口味很淡

淡	淡	淡		味	道	淡			

24) **最爱** zuì'ài: favorite　这个菜是我的最爱

最	最	最		爱	爱	爱		最	爱

25) **不同 / (不) 一样** bùtóng/bù yíyàng: different / (not) the same
我们口味不同，这两个菜不一样

不	同	不	同		不	一	样		

26) **差不多** chàbuduō: about the same　这两个菜差不多，差不多一样贵

差	差	差			差	不	多		

27) **特别** tèbié: especially, particularly　特别贵，特别好吃，特别辣，特别喜欢中国菜

特	特	特		别	别	别		特	别

Write out the characters that correspond to the pinyin. Pay special attention to the stroke order.

1) _____

jīngcháng chī shuǐguǒ

2) _____

cháng yíxià zhège hǎixiān

3) _____

tā bú pà là

4) _____

jī yā yú ròu tā dōu chī

5) _____

zhège cài tèbié xián

6) _____

wǒmen de kǒuwèi bù tóng

7) _____

yì wǎn bái mǐfàn

8) _____

suān tián de wèidào

9) _____

chàbuduō yíyàng

10) _____

shì wǒ de zuì'ài

Write the pinyin for each phrase.

1) 学校的餐厅 _____

2) 鸡肉色拉三明治 _____

3) 麻辣味的四川菜 _____

4) 荤菜和素菜 _____

5) 绿色蔬菜 _____

First read each item until you understand it fully. Then type it out using pinyin. Check your output to make sure the characters are accurate.

Review the vocabulary lists in this lesson before doing this exercise. Type each item twice.

1) 你平常在哪里吃饭?
　— 有的时候在学校餐厅吃，有的时候去餐车那里买饭。

2) 你的朋友喜欢吃什么肉?
　— 她从来不吃肉，她只吃素菜。

3) 你觉得这个菜怎么样?
　— 这个菜非常好吃，而且一点儿也不贵。

4) 那个菜呢?
　— 虽然那个菜跟这个菜一样便宜，但两个菜的味道不同。

5) 哪个菜的味道好?
　— 这个菜比那个甜一点，那个比这个淡一点。

6) 你喜欢吃什么，鸡还是海鲜?
　— 我喜欢吃海鲜，海鲜是我的最爱。

7) 我喜欢吃甜的和酸的，最怕吃辣的。
　— 是吗? 我不怕辣。

8) 你想不想尝尝这个四川菜? 是麻辣味的。
　— 好的，我最喜欢又麻又辣的川菜。

9) 山东菜和四川菜的味道一样吗?
　— 不一样，我觉得四川菜比山东菜辣。

10) 这个鸡肉三明治比那个鱼肉三明治好吃吗?
　— 我觉得鸡肉的不比鱼肉的好吃。因为鸡肉鱼肉我都喜欢，
　　　所以我觉得这两个三明治一样好吃。

B | 10.1 | Trace and Write

1) 点菜 diǎn//cài: order food in a restaurant 想点什么菜？我们快点菜吧

(点 : pick, select by pointing out)

点	点	点		点	菜	点	菜		

2) 叫外卖 jiào wàimài: order takeout 叫几个菜，叫一个外卖

叫	菜	叫	菜		叫	外	卖	

3) 推荐 tuījiàn: recommend 推荐什么菜？有什么推荐？

推	推	推		荐	荐	荐		推	荐	

4) 煮 zhǔ: cook, boil 煮鸡蛋，煮鸡，煮鱼，煮饭

煮	煮	煮		煮	鱼			煮	鸡	蛋

5) 烤 kǎo: bake, roast, grill 烤肉，烤鸡，北京烤鸭

烤	烤	烤		烤	肉			烤	鸭	

6) 用 yòng: use, with 用水煮，用火烤，用什么肉做这个菜？

用	用	用		用	水	煮		

7) 饿 è: hungry 我饿了，我很饿，我饿死了，我现在不饿，不想吃饭

饿	饿	饿		我	很	饿			

8) 热 rè: hot, to heat up 今天很热，热菜；热一下这个菜

(热 normally refers to a temperature that is bearable.)

热	热	热		热	菜	热	菜		

9) 凉 liáng: cool 今天很凉，喜欢吃凉菜；这个菜已经凉了，得热一下

(凉 normally refers to a pleasantly cool temperature or a temperature that has cooled down.)

凉	凉	凉		凉	菜	凉	菜		

10) 汤 tāng: soup 酸辣汤，鸡汤，肉汤，鱼汤

汤	汤	汤		酸	辣	汤			

11) 烫 tàng: scorching hot 这个汤很烫，水很烫，这个菜现在太烫

烫	烫	烫		汤	很	烫			

12) 香 xiāng: fragrant, aromatic 很香，五香 five spices 香港: Hong Kong

香	香	香		很	香			五	香

13) 茶 chá: tea 喝茶，中国茶，好喝的茶，绿茶，红茶，很烫的茶，茶凉了

(红茶 hóngchá: black tea; 绿茶 lǜchá: green tea)

茶	茶	茶		喝	茶			绿	茶

14) 牛肉 niúròu: beef 牛肉三明治，牛肉汤，牛肉面: beef noodles

(牛 : cow, bull, ox)

牛	牛	牛		牛	肉	面				

15) 羊肉 yángròu: lamb 羊肉汤，烤羊肉

(羊 : sheep, goat)

羊	羊	羊		烤	羊	肉				

16) 猪肉 zhūròu: pork （猪）肉包子 ròu bāozi: bun with pork fillings

(猪 : pig; 猪肉 is normally the default meat in Chinese dishes and the word 猪 is often omitted)

猪	猪	猪		猪	肉	包	子			

17) 账单 zhàngdān: bill 这顿饭的账单，请给我账单，买单

(账 : account; 单 : slip)

账	账	账		单	单	单		账	单	

18) 现金 xiànjīn: cash 你有现金吗？只有20元现金

(现 : current; 金 : money, gold)

金	金	金		现	金	现	金			

19) 信用卡 xìnyòngkǎ: credit card 你有信用卡吗？

(信用 : credibility; 卡 : card)

信	信	信		用	用	用		卡	卡	卡
用	信	用	卡		信	用	卡	号	码	

20) 收 shōu: collect (money), accept 收钱，收现金，不收信用卡

收	收	收		收	信	用	卡			

21) 付 fù: pay 付钱，付账单，付现金，付了100元现金，用信用卡付钱

付	付	付		付	钱			付	现	金

22) 行 xíng: OK, all right, good 用信用卡行不行？不行

行	行	行		行	不	行				

B | 10.2) Pinyin to Characters

Write out the characters that correspond to the pinyin. Pay special attention to the stroke order.

1) _____
diǎnle rècài hé liángcài

2) _____
bié hē hěn tàng de tāng

3) _____
shuǐ zhǔ yú hěn xiāng

4) _____
lái yì bēi chá, liǎng bēi shuǐ

5) _____
wǔxiāng niúròu hěn búcuò

6) _____
tuījiàn yí gè bú là de cài

7) _____
wǒ è le, wǒ xiǎng jiào wàimài

8) _____
yòng xìnyòngkǎ fùqián xíng bùxíng

Read the whole passage, then write the pinyin directly under each underlined item.

阿龙问大家想<u>点什么菜</u>。小东说<u>先</u>来个<u>凉菜</u>，他觉得<u>口水鸡</u>和<u>五香牛肉</u>都不错。<u>热菜</u>点什么？阿龙说<u>鸡肉</u>不错，不过，他觉得<u>牛肉</u>比鸡肉<u>更</u>好吃。刘英说，鸡肉牛肉都没有<u>海鲜</u>好，她没吃过<u>水煮鱼</u>，想<u>尝尝</u>。可是晓雪怕<u>辣</u>，所以她说请<u>服务员</u>

Xiǎoxuě

<u>推荐</u>一下。服务员推荐了<u>酸菜鱼</u>和水煮鱼。他说酸菜鱼和水煮鱼<u>不同</u>，没有水煮鱼<u>那么辣</u>。刘英要了酸菜鱼。……可是晓雪尝了这个鱼以后说"<u>又麻又辣</u>"！服务员说<u>对不起</u>，他上的菜<u>错</u>了，他上的是<u>水煮</u>鱼，不是酸菜鱼。

First read each item until you understand it fully. Then type it out using pinyin. <u>Check your output to make sure the</u> <u>characters are accurate</u>.

Review the vocabulary lists in this lesson before doing this exercise. Type each item twice.

1) 你们每天吃饭都吃得这么晚吗?
— 不,平常吃得比今天早一点。

2) 你做菜做得不错,真香!
— 可是我的一个朋友比我做得更好,他会做很多菜,
他做的菜真好吃!

3) 我平常不做饭,我有时候叫外卖,昨天晚上叫了一个日本菜。
— 我昨天晚上是在一家中国小吃店吃的饭。我点了一个牛肉面。

4) 广东菜和四川菜有什么不同?
— 都很好吃,不过,广东菜的味道没有四川菜那么咸、那么辣。

5) 我不知道我应该尝尝广东菜还是四川菜。你觉得呢?
— 每个人口味不一样,如果你喜欢海鲜,那你可能会更喜欢广东菜。

6) 服务员,请给我们菜单。请给我们推荐一个你们的拿手菜。

7) 服务员,给我们来两碗牛肉面,麻烦你上得快一点,行吗?

8) 服务员,这个菜凉了,麻烦你热一下行不行?

9) 服务员,这个菜错了。我们点的是羊肉,不是牛肉,麻烦你换一下。
huàn

10) 服务员,买单。我的现金不够,请问可以用信用卡吗?

UNIT 11

Around the Neighborhood

A 第一课

那个小区怎么样？
How is that neighborhood?

A 11.1 Trace and Write

1) 城市 chéngshì: city 大城市，这个城市

(城: town; 市: city, municipality)

2) 区 qū: district 东城区，市区，小区

3) 公寓 gōngyù: apartment 一套公寓，一栋公寓楼

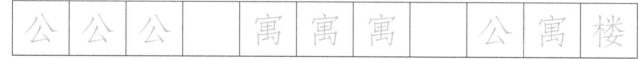

4) 公园 gōngyuán: park 一个很大的公园，漂亮的公园

(园: park, garden)

5) 绿地 lǜdì: field, green space 很多绿地

6) 银行 **yínháng**: bank 一个/家银行，中国银行: Bank of China

(银: silver; 行: firm)

| 银 | 银 | 银 | | 行 | 行 | 行 | | 银 | 行 | |

7) 超市 **chāoshì**: supermarket 大超市，一个很大的超市，这家超市很好

(超 for 超级 **chāojí**: super; 市 for 市场 **shìchǎng**: market)

| 超 | 超 | 超 | | 超 | 市 | 超 | 市 | | | |

8) 停车场 **tíngchēchǎng**: parking lot 那里有一个停车场

(停: stop, park; 场: field, lot)

| 停 | 停 | 停 | | 停 | 车 | 场 | | | | |

9) 站 **zhàn**: station, stop 火车站，地铁站，公共汽车站

(站 as a verb means to "stand")

| 站 | 站 | 站 | | 地 | 铁 | 站 | | | | |

10) 房子 **fángzi**: house, building 一所房子，一栋房子，我家的房子

(所: measure word for houses; 栋 is used for storied and bigger buildings)

| 房 | 房 | 房 | | 一 | 所 | 房 | 子 | | | |

11) 电梯 **diàntī**: elevator, escalator 这栋楼有没有电梯？电梯在哪儿？

(梯: stairs)

| 梯 | 梯 | 梯 | | 电 | 梯 | 电 | 梯 | | | |

12) 健身 jiànshēn: exercise, work out　每天都健身，健身房，健身中心
(身 : body)

| 健 | 健 | 健 | | | 身 | 身 | 身 | | 健 | 身 | |

13) 建 jiàn: build, construct　建一个城市，建一个小区

| 建 | 建 | 建 | | 建 | 城 | 市 | | | | | |

14) 盖 gài: build (house)　盖楼，盖房子

| 盖 | 盖 | 盖 | | 盖 | 楼 | 房 | | | | | |

15) 搬 bān: move (heavy things)　搬家，搬东西，帮我搬桌子

| 搬 | 搬 | 搬 | | 搬 | 家 | | | | 搬 | 桌 | 子 |

16) 附近 fùjìn: nearby, vicinity　学校附近，我家附近，附近有一个超市
(近 : close to, nearby)

| 附 | 附 | 附 | | | 近 | 近 | 近 | | 附 | 近 | |

17) 旁边 pángbiān: beside, next to　银行（的）旁边，学校（的）旁边

| 旁 | 旁 | 旁 | | | 旁 | 边 | 旁 | 边 | | | |

18) 前面/后面 qiánmiàn/hòumiàn: front/back　学校（的）前面，那栋楼（的）后面
(面 : face, side)

| 前 | 面 | 前 | 面 | | 后 | 面 | 后 | 面 | | | |

19) **里面/外面** lǐmiàn/wàimiàn: inside/outside 那栋楼（的）里面，房子（的）外面

里	面	里	面		外	面	外	面		

20) **上面/下面** shàngmiàn/xiàmiàn: top/bottom 那栋楼（的）上面/下面

上	面	上	面		下	面	下	面		

21) **中间** zhōngjiān: center, middle 那两栋楼的中间

中	间	中	间		两	栋	楼	中	间	

22) **现代** xiàndài: modern 现代城市，现代小区，那个超市很现代

现	现	现		代	代	代		现	代	

Write out the characters that correspond to the pinyin. Pay special attention to the stroke order.

1) _____

   yí gè hěn xiàndài de chéngshì

2) _____

   jiànle yí gè xīn xiǎoqū

3) _____

   yínháng de qiánmiàn

4) _____

   dìtiězhàn wàimiàn

5) _____

   nà jǐ dòng gōngyùlóu de zhōngjiān

6) _____

   yǒu gōngyuán hé lùdì

7) _____

   chāoshì de pángbiān

8) _____

   gàile hěn duō xīn fángzi

Write the pinyin for each phrase.

1) 他的邻居搬家了 _____

2) 附近没有邮局 _____

3) 很漂亮的健身房 _____

4) 那个停车场不够大 _____

5) 卧室和客厅都不错 _____

First read each item until you understand it fully. Then type it out using pinyin. <u>Check your output to make sure the characters are accurate.</u>

Review the vocabulary lists in this lesson before doing this exercise. Type each item twice.

1) 你住在哪儿？
   — 我住在新园小区，是一个一室一厅的公寓。

2) 那个小区怎么样？
   — 很不错，那边盖了很多公寓楼和商店。

3) 附近有些什么？
   (xiē)
   — 附近有一个漂亮的公园，还有很多绿地。

4) 买东西方便不方便？
   — 很方便，因为那里有一个很大的超市，什么东西都有。

5) 有没有很好的餐馆？
   — 有几个很不错的餐馆，中餐西餐都有。

6) 去银行也很方便吗？
   — 很方便，有三个银行，都在超市旁边。

7) 有没有健身中心？
   — 小区里面有一个健身房，超市附近也有一个健身中心。

8) 去市中心也方便吗？
   — 对，小区旁边不但有公交车，而且也有一个地铁站。

9) 你在那里住了多久了？
   — 我住了差不多两年了，我在那里住得很开心。

10) 我也快要搬家了。我也想搬到你们那边去。
    — 那太好了！

UNIT 11
Around the Neighborhood

B 第二课

怎么走?
How do I get there?

B 11.1 Trace and Write

1) 医院 yīyuàn: hospital 附近有没有医院?
(医 : to cure, treat patient)

2) 购物 gòuwù: shopping 购物中心，去哪里购物最方便?
(购 : to purchase; 物 : goods, merchandise)

3) 街口/路口 jiēkǒu/lùkǒu: intersection, junction 前面有一个街口/路口
(口 : mouth, opening)

4) 花 huā: flower 那里有很多花，花园里的花

花	花	花		花	园	花	园			

5) 树 shù: tree 大树，房子旁边有很多树

树	树	树		大	树			小	树	

B: How do I get there? 43

6) 地图 dìtú: map 这个城市的地图，小区的地图
(图: map, chart, graphics)

| 图 | 图 | 图 | | 地 | 图 | 地 | 图 | | | |

7) 远 yuǎn: far 远不远？有点儿远，不太远，特别远

| 远 | 远 | 远 | | 特 | 别 | 远 | | | | |

8) 近 jìn: near 很近，非常近，不远不近

| 近 | 近 | 近 | | 非 | 常 | 近 | | | | |

9) 离 lí: away from, be at a distance from 这里离银行远不远？小区离地铁站很近

| 离 | 离 | 离 | | 离 | 银 | 行 | 不 | 远 | | |

10) 干净 gānjìng: clean 很干净，这个小区非常干净，车站里面不太干净

| 干 | 干 | 干 | | 净 | 净 | 净 | | 干 | 净 | |

11) 真的 zhēnde: really, truly, indeed 真的很干净，真的很不错，真的有点远

| 真 | 真 | 真 | | 真 | 的 | 真 | 的 | | | |

12) 左/右 zuǒ/yòu: left/right 左边/右边，房子的左边，银行的右边

| 左 | 左 | | 左 | 边 | | 右 | 右 | | 右 | 边 |

13) 往 wǎng: towards, in the direction of　往前走，往右走，往左看，往旁边看

往	往	往		往	前	走				

14) 拐 guǎi: turn, make a turn　往哪边拐？往左拐，往右拐，得拐两次

拐	拐	拐		往	左	拐				

15) 过 guò: pass, cross (the street)　过街，过一个路口，别过街

过	街	过	街		过	路	口			

16) 等 děng: wait　等一下，等(一)等，等一会儿，等一个人

等	等	等		等	一	会	儿			

B | 11.2) Pinyin to Characters

Write out the characters that correspond to the pinyin. Pay special attention to the stroke order.

1) _____
 fùjìn de yīyuàn

2) _____
 huāyuán li de shù hé huā

3) _____
 chāoshì lí xiǎoqū bù yuǎn

4) _____
 wǎng qián zǒu, bié wǎng zuǒ guǎi

5) _____
 chēzhàn pángbiān de gòuwù zhōngxīn

6) _____
 qiánmiàn de nàge jiēkǒu

7) _____
 hěn jìn de yí gè lùkǒu

8) _____
 děng yíxià, bié guò jiē

Read the whole passage, then write the pinyin directly under each underlined item.

小东说，<u>虽然</u>那个小区很好，<u>但是</u>有点远。

爸爸也觉得<u>真的</u>有一点远，他<u>想知道</u>小区<u>附近</u>有没

有<u>地铁站</u>。妈妈问小东小区<u>离</u>地铁站有多远、怎么

走。小东看了<u>地图</u>以后<u>告诉</u>大家，小区附近有一个

地铁站。他说，出了小区以后<u>往右拐</u>，走到<u>路口</u>就

有一个<u>公交车站</u>，坐两站公交车就到地铁站了。

小南觉得地铁站很<u>近</u>，<u>走路</u>只要15—20分钟。小东

说，地铁站虽然很近，可是<u>现在</u>还在<u>建</u>，两年以

后才可以用。小东觉得<u>真的</u>应该<u>买辆车</u>。<u>爸爸说</u>：

"买！"小东和小南很<u>高兴</u>！

First read each item until you understand it fully. Then type it out using pinyin. <u>Check your output to make sure the characters are accurate.</u>

Review the vocabulary lists in this lesson before doing this exercise. Type each item twice.

1) 那个快餐店离这里有多远？
   — 一点也不远，很近，走路只要10分钟。

2) 那套一室一厅的公寓又便宜又干净，非常好！
   piányi
   — 好是好，可是没有电梯。

3) 那个购物中心不但很大，而且很现代！
   — 现代是现代，但离我家有点远。

4) 你平常去哪家超市？
   — 我经常去公园旁边的那家，很少去银行前面的那家。

5) 我们去哪家餐馆？去公寓楼下面的那家吗？
   — 不，我们去停车场旁边的那家。

6) 那家餐馆有点远。
   — 是有点远，不知道那里有没有地铁？看一下地图吧。
   dìtú

7) 从这里到购物中心去怎么走？
   — 很好走。出了大楼往左拐，往前走5分钟就到了。

8) 请问去新城电影院怎么走？
   — 过街以后往前走，过三个路口，往右拐，就在超市旁边。

9) 我们已经走了半个钟头了，怎么还没看见那个邮局？
   yóujú
   — 我们可能走错了，应该往左拐，我们没往左拐。
   cuò

10) 从这里到市中心坐公交车应该坐几站路？
   zhàn
   — 要坐5站，然后换地铁，坐2站就到了。
   huàn

My Schoolwork

A 第一课

作业没做完
My homework is not finished

A 12.1 **Trace and Write**

1) **作业** zuòyè: school assignment, homework 今天的作业，做作业，中文作业，数学作业

作 作 作 业 业 业 作 业

2) **词** cí: word 生词，单词，每天学几个生词？这个单词不难

(生 : unknown, unfamiliar; 单 : single [item])

词 词 词 生 词 单 词

3) **句子** jùzi: sentence 这个句子有点长，一个很难的句子

句 句 句 句 子 句 子

4) **课文** kèwén: text 课文不难，很容易，课文不长

(课 : lesson; 文 : text, script, article)

课 课 课 文 文 文 课 文

5) **对话** duìhuà: dialogue, conversation 听对话，两个学生的对话

对 对 对 话 话 话 对 话

6) **语法** yǔfǎ: grammar 这一课的语法，语法难不难

(法 : law, rule, way)

法 法 法 语 法 语 法

7) **录音** lùyīn: audio recording 听录音，经常听录音，我得录音
(录: to record; 音: sound)

| 录 | 录 | 录 | | 音 | 音 | 音 | | 录 | 音 | |

8) **分数** fēnshù: score, grade 中文考试的分数，这门课的分数，分数很高
(分: score, point; 数: number)

| 数 | 数 | 数 | | 分 | 数 | 分 | 数 | | | |

9) **懂** dǒng: understand, comprehend 懂不懂？听懂了吗？没听懂，看懂了

| 懂 | 懂 | 懂 | | 听 | 懂 | | | 看 | 懂 | |

10) **记** jì: memorize 记生词，每天记10个单词，这个字很好记

| 记 | 记 | 记 | | 记 | 生 | 词 | | | | |

11) **背** bèi: memorize by recitation 背生词，背课文，背一个句子

| 背 | 背 | 背 | | 背 | 课 | 文 | | | | |

12) **记住** jì//zhù: remember, memorize 记住这个字，没记住他的名字
(住: stay, a verb ending paired with 记)

| 记 | 住 | 记 | 住 | | 没 | 记 | 住 | | | |

13) **完** wán: (RVE: the state of having finished something) 吃完饭，看完书，做完作业，没做完

| 完 | 完 | 完 | | 做 | 完 | | | 吃 | 完 | |

14) 学会 xué//huì: learn, master 学会写字，学会说中文，没学会这个语法

学	会	学	会		学	会	语	法		

15) 准备 zhǔnbèi: prepare, get ready 准备考试，准备出国留学，准备了，没准备

准	准	准		备	备	备		准	备	

16) 复习 fùxí: review, go over 复习生词，复习中文课，语法复习完没有？

复	习	复	习		复	习	语	法		

17) 交 jiāo: submit, turn in 交钱，交作业，交英语作业，没交作业

交	交	交		交	作	业				

18) 怎么办 zěnme bàn?: what should I do? 作业没做完，怎么办？

办	办	办		怎	么	办				

19) 算了 suàn le: forget it 算了，今天不吃中餐了；算了，我们不去了。
(算 as a verb means to "count" or "calculate")

算	算	算		算	了	算	了			

Write out the characters that correspond to the pinyin. Pay special attention to the stroke order.

1) _____
   zuò Zhōngwén zuòyè

2) _____
   bèile duōshao dāncí

3) _____
   tīng wán kèwén lùyīn

4) _____
   kàndǒngle nàge jùzi

5) _____
   zhǔnbèi yí gè xiǎo kǎo

6) _____
   zhè kè de shēngcí jìzhùle yíbàn

7) _____
   méi xuéhuì zhè kè de yǔfǎ

8) _____
   fùxí zhège duìhuà

Write the pinyin for each phrase/sentence.

1) 他这次考试的分数很高 _____

2) 每天都听写句子 _____

3) 不知道应该怎么办 _____

4) 什么时候交数学作业 _____

5) 算了，不听录音了。 _____

First read each item until you understand it fully. Then type it out using pinyin. <u>Check your output to make sure the</u> <u>characters are accurate</u>.

Review the vocabulary lists in this lesson before doing this exercise. Type each item twice.

1) 你打算什么时候<u>做</u>作业？
— 我一吃完饭就做。

2) 你的作业什么时候可以做完？
— 星期一以前可以<u>做完</u>。

3) 今天的作业是什么？
— 老师说，要<u>记住</u>20个生词，明天有听写。

4) <u>记住</u>这20个字要多长时间？
— 写字差不多要30分钟，<u>记住</u>这些字还要20分钟。

5) 你<u>背</u>生词了没有？
— <u>昨天背了，今天没背，因为今天我没时间</u>。

6) 老师还叫你们准备什么？
— 老师还叫我们<u>学</u>课文，而且准备一个对话。

7) 你看课文<u>了没有</u>？
— 看了，可是没看懂，有几个句子很难懂。

8) 你为什么不听录音？
— 我最怕听录音，因为我一听录音就想睡觉。

9) 你作业做完了吗？
— 还没做呢。我现在好累！算了，今天我不做作业了。

10) 你数学和历史课准备得怎么样了？
— 糟糕！明天有数学考试，还要交历史作业！
zāogāo

B 12.1 Trace and Write

1) **辅导员** fǔdǎoyuán: advisor, counselor 谁是我们的辅导员？

员	员	员		辅	导	员			

2) **听见** tīng//jiàn: hear 他说话我听见了，没听见；听得见听不见？

听	见	听	见		听	不	见		

3) **读** dú: read 这本书我读过了，可是读不懂；你读得懂读不懂？

读	读	读		读	得	懂			

4) **睡着** shuì//zháo: fall asleep 他睡觉已经睡了一个小时了，可是还睡不着。

睡	睡	睡		着	着	着		睡	着

5) **找到** zhǎo//dào: find 那本书我找了很久，可是找不到。

找	到	找	到		找	不	到		

6) **买到** mǎi//dào: succeed in buying 这本小说在书店里买不到，但在网上买得到。

买	到	买	到		买	得	到		

7) 错 cuò: incorrect, wrong 说错了，写错了，买错了，没买错。

错	错	错		写	错	了			

8) 好 hǎo: good, satisfactory 做好了，还没写好，准备好了吗？

做	好			写	好			准	备	好

9) 忘记/忘了 wàngjì/wàngle: forget 我忘记你的名字了，别忘了做作业。

忘	忘	忘		忘	记	了			

10) 记得 jìde: remember, recall 记得这件事/这个人；不记得他的名字了

记	得	记	得		不	记	得			

11) 谈 tán: to talk (over an issue) 谈话，找他谈一下，你们在谈什么？

谈	谈	谈		谈	话				

12) 回答 huídá: answer, reply, respond 回答问题，回答对了/错了；回答得很好

答	答	答		回	答	回	答			

13) 借 jiè: borrow, lend 借书，去图书馆借书，书借完了

借	借	借		借	完	了			

14) 遍 biàn: (measure word, used to indicate the number of times an action or state occurs) time, round

这本书我读了2遍，电影看了3遍

| 遍 | 遍 | 遍 | | 读 | 几 | 遍 | | | |

15) 段 duàn: section, segment 一段话，一段课文，一段录音

| 段 | 段 | 段 | | 有 | 几 | 段 | 三 | 段 | 课 | 文 |

16) 句 jù: sentence 一个句子，说一句话，写一句中文

| 一 | 句 | 话 | | 一 | 句 | 中 | 文 | | |

17) 聪明 cōngmíng: bright, smart, intelligent 很聪明，特别聪明的学生

| 聪 | 聪 | 聪 | | 聪 | 明 | 聪 | 明 | | |

18) 只要 zhǐyào: as long as, provided 只要好好准备，只要经常复习

| 只 | 要 | 只 | 要 | | 只 | 要 | 准 | 备 | |

19) 对不起 duìbuqǐ: sorry 对不起，我忘了

| 对 | 不 | 起 | | 对 | 不 | 起 | | | |

B 12.2 Pinyin to Characters

Write out the characters that correspond to the pinyin. Pay special attention to the stroke order.

1) _____
nǐ tīng de jiàn tīng bú jiàn tā shuōhuà

2) _____
wǒ zhǎo bú dào nà duàn lùyīn

3) _____
bié wàngjì míngtiān yǒu kǎoshì

4) _____
fǔdǎoyuán xiǎng zhǎo tā tántan

5) _____

zhège jùzi wǒ dú bù dǒng

6) _____

tā méi mǎidào zuòyèběn

7) _____

zhè jù huà nǐ shuōcuò le

8) _____

zhǐyào hǎohāo zhǔnbèi, jiù néng tīngdǒng

B | 12.3) Characters to Pinyin

Read the whole passage, then write the pinyin directly under each underlined item.

辅导员找阿龙谈谈他的学习情况。辅导员说

阿龙已经有几次没交数学课的作业了。阿龙说，上次

是忘了，没做。这次是没做完。辅导员想看一下他的

作业本，可是阿龙找不到。他告诉辅导员，因为星期

天他很累，所以他还没做完作业就睡着了。星期一的

课他有些听得懂，有些听不懂。辅导员觉得阿龙非常

聪明，可是如果不好好准备，那上课也会听不懂。

阿龙说，只要他好好准备，就应该没问题。辅导员叫

阿龙以后先做完作业再玩。阿龙说他记住了。

First read each item until you understand it fully. Then type it out using pinyin. <u>Check your output to make sure the characters are accurate</u>.

Review the vocabulary lists in this lesson before doing this exercise. Type each item twice.

1) 我说的话你<u>听得懂</u>吗？
   — 听得懂一半。如果你说得慢一点，我可能都能听懂了。

2) 今天上文学课老师说的你听懂了吗？
   — <u>没听懂</u>。老师说得太快，<u>我听不懂</u>。

3) 那本书你看懂了多少？
   — 太难了，我一点都看不懂。

4) 昨天的作业你做完了没有？
   — <u>没做完</u>。太多了，<u>我做不完</u>。

5) 那本书你<u>找得到</u>吗？
   — <u>找不到</u>，不过，书店里能<u>买到</u>。

6) 我刚才说什么你听见了吗？
   — 对不起，我刚才在看电视，没听见你说什么。

7) 他刚才说话你听得见听不见？
   — 我离他太远了，所以我听不见。

8) 你的书包找到了吗？
   — 找到了，是在教室里找到的。

9) 你昨天晚上睡觉了吗？
   — 睡了，可是没睡着。我喝了咖啡，所以睡不着。

10) 老师跟你说什么？
    — 她说，上课以前要好好准备，先听录音再看课文。

UNIT 13

Movements and Directions

A | 第一课

他进那栋楼去了
He went into that building

A | 13.1 | Trace and Write

1) 屋子 wūzi: room 一间屋子，这几间屋子，很多屋子
(间 is the measure word for 屋子)

| 屋 | 屋 | 屋 | | 几 | 间 | 屋 | 子 | | | |

2) 房间 fángjiān: room 一个房间，几个房间，我的房间
(个 is the measure word for 房间; note that 房 has a dot on top while 屋 doesn't.)

| 房 | 房 | 房 | | 房 | 间 | 房 | 间 | | | |

3) 楼梯 lóutī: staircase, stairs 这栋楼只有楼梯，没有电梯

| 楼 | 梯 | 楼 | 梯 | | 电 | 梯 | 电 | 梯 | | |

4) 楼上/楼下 lóushang / lóuxià: upstairs, upper floor / downstairs, lower floor
我住在楼上，他住在楼下

| 楼 | 上 | 楼 | 上 | | 楼 | 下 | 楼 | 下 | | |

5) 地下室 dìxiàshì: basement 这栋楼有地下室，学生活动中心在地下室
(地下: underground; 室: room)

| 室 | 室 | 室 | | 地 | 下 | 室 | | | | |

6) **入口/出口** rùkǒu/chūkǒu: entrance/exit 楼的入口/出口，地铁站的出口/入口

(入: enter; 出: exit; 口: mouth, opening)

| 入 | 口 | 入 | 口 | | 出 | 口 | 出 | 口 | | |

7) **门** mén: door, gate, entrance 房间/屋子的门，学校的大门，东门

| 门 | 门 | 门 | | 房 | 间 | 的 | 门 | | | |

8) **窗户** chuānghu: window 这个房间没有窗户，窗户很大

| 窗 | 窗 | 窗 | | 户 | 户 | 户 | | 窗 | 户 | |

9) **锁** suǒ: lock 这个门的锁坏了，门锁不上了；门没有锁好

| 锁 | 锁 | 锁 | | 锁 | 上 | 门 | | | | |

10) **钥匙** yàoshi: key 门的钥匙，一把钥匙

| 钥 | 钥 | 钥 | | 匙 | 匙 | 匙 | | 钥 | 匙 | |

11) **偷** tōu: steal 偷东西，小偷

| 偷 | 偷 | 偷 | | 偷 | 东 | 西 | | 小 | 偷 | |

12) **带** dài: take, bring, carry 带一本书，忘了带钥匙

| 带 | 带 | 带 | | 带 | 钥 | 匙 | | | | |

13) 赶快 gǎnkuài: at once, quickly 我得赶快回去，赶快给她回电话
(赶: rush)

赶	赶	赶		赶	快	赶	快		

14) 赶紧 gǎnjǐn: at once, quickly 我得赶紧回去，赶紧给她回电话
(紧: tight, urgent)

紧	紧	紧		赶	紧	赶	紧		

15) 马上 mǎshàng: right away 你到了以后马上给我打电话

马	上	马	上		马	上	就	去	

16) 进 / 出 jìn / chū: go or come in / go or come out, enter/exit
进去，进那栋楼去，出来，出屋子来

进	去	进	来		出	去	出	来	

17) 上 / 下 shàng/xià: go up/down, get on/off 上来 / 下去，上楼 / 下楼，上车 / 下车

上	来	上	来		下	去	下	去	

18) 开 / 关 kāi/guān: open/close, switch on/off 开门 / 锁，关门 / 窗户；门坏了，关不上

开	门	开	窗		关	门	关	窗	

19) 打开 dǎ//kāi: open up (door, etc.) 打开门 / 窗 / 锁，门打开了，窗户打不开

打	开	门		打	开	窗			

20) 奇怪 qí guài: strange, odd, weird 那个人很奇怪，我看见一个奇怪的人

| 奇 | 奇 | 奇 | | 怪 | 怪 | 怪 | | 奇 | 怪 | |

21) 紧张 jǐnzhāng: nervous, uneasy, tense 她有点紧张，非常紧张，别紧张

(紧 : tight, uptight)

| 紧 | 紧 | 紧 | | 张 | 张 | 张 | | 紧 | 张 | |

A | 13.2) Pinyin to Characters

Write out the characters that correspond to the pinyin. Pay special attention to the stroke order.

1) _____
zhè tào gōngyù yǒu wǔ gè fángjiān

2) _____
dìtiězhàn de chūkǒu hé rùkǒu

3) _____
wǒ wàngle dài yàoshi

4) _____
jìnle nà dòng lóu, ránhòu chūlai le

5) _____
zhùzài lóushang háishi lóuxià

6) _____
mén de suǒ huài le, suǒ bú shàng

7) _____
gǎnkuài shàng lóu qù

8) _____
guānshàng chuānghu, suǒhǎo mén

Write the pinyin for each phrase/sentence.

1) 那个人看样子很紧张 _____

2) 可能是小偷 _____

3) 赶紧从楼梯下去 _____

4) 这间屋子有点奇怪 _____

5) 门已经锁上了 _____

First read each item until you understand it fully. Then type it out using pinyin. <u>Check your output to make sure the characters are accurate.</u>

Review the vocabulary lists in this lesson before doing this exercise. Type each item twice.

1) 如果电梯坏了，你会怎么办？
   — 我会从楼梯上去。

2) 今天电梯没电，楼梯的门也打不开，那你上楼怎么办？
   — 看样子我上不去了。

3) 我在楼上，叫他上来吧。
   — 好的，我会叫他马上上去。

4) 你也想现在就上楼去吗？
   — 我不想马上上去，我等一会儿再上去。

5) 她进商店去了吗？
   — 进去了，可是马上又出来了。

6) 她刚才进商店去做什么？
—— 她进去看看有什么打折的东西。
    dǎzhé

7) 你们为什么在屋子外面、不进屋子去？
—— 我们没带钥匙，所以进不去。

8) 窗户关上了，可是门没锁好。
—— 这个锁坏了，锁不上了。

9) 平常你出去的时候会不会锁门、关窗户？
—— 会，因为如果窗户没关上，门没锁好，那小偷就会进来偷东西。

10) 我现在在超市里，你想进来看看吗？
—— 好啊，可是我不知道入口在哪里，从哪里进去。

B | 第二课

在不在桌子上？

Is it on the table?

B | **13.1** | **Trace and Write**

(Note that the following exercises include items introduced previously.)

1) 床 chuáng: bed 床上，那张床上有一件衣服，不在床上

床	上			床	下	面			

2) 桌子 zhuōzi: table, desk

桌子上，桌子下面；那张桌子上有几本书，东西在桌子下面

桌	子	上		桌	子	下	面		

3) 椅子 yǐzi: chair 那把椅子上什么都没有，这把椅子坏了

椅	子			那	把	椅	子	上	

4) 书架 shūjià: bookshelf, bookcase 书架上有很多书；你的钥匙在书架上

书	架			在	书	架	上		

5) 墙 qiáng: wall 房间的墙是白色的；墙上什么都没有

墙	墙	墙		墙	上	没	东	西	

6) **画 huà**: drawing, painting 一张画，中国画，这张中国画贵吗？

| 画 | 画 | 画 | | 一 | 张 | 画 | | | |

7) **钱包 qiánbāo**: wallet 这是谁的钱包？

| 钱 | 钱 | 钱 | | 包 | 包 | 包 | | 钱 | 包 |

8) **底下 dǐxia**: under, below, beneath 桌子底下，床底下，在椅子底下

| 底 | 底 | 底 | | 底 | 下 | 底 | 下 | | |

9) **后面 hòumiàn**: behind 门后面，那张画的后面

| 后 | 面 | | 门 | 后 | 面 | | 画 | 后 | 面 |

10) **跑 pǎo**: run 跑进去，跑进楼去，跑过去，跑到地铁站去

| 跑 | 跑 | 跑 | | 跑 | 进 | 楼 | 去 | | |

11) **丢 diū**: lose 钱包丢了，钥匙丢了，东西丢了

| 丢 | 丢 | 丢 | | 钱 | 包 | 丢 | 了 | | |

12) **站 zhàn**: stand 站起来，站在屋子外面

| 站 | 起 | 来 | | 站 | 在 | 外 | 面 | | |

13) **坐** zuò: sit 坐下去，坐在椅子上，坐在房间里

坐	下	去		坐	在	椅	子	上		

14) **放** fàng: put, place 放东西，放在哪里？放在地上

放	放	放		放	在	地	上			

15) **挂** guà: hang, suspend 挂一张画，挂一件衣服；挂在门上

挂	挂	挂		挂	在	门	上			

16) **拿** ná: hold , take 拿东西，拿了几本书

拿	拿	拿		拿	东	西				

17) **帮忙** bāng//máng: help, assist, do a favor 帮谁的忙，帮了我一个忙

帮	忙			帮	我	一	个	忙		

18) **送** sòng: deliver, escort 这本书我给你送过去，我送你回去，我送你出去

送	送	送		送	过	来				

19) **像** xiàng: seem, look like 像一个小偷，不像坏人

像	像	像		不	像	坏	人			

20) **好像** hǎoxiàng: seemingly 他好像不是本地人

| 好 | 像 | | | 好 | 像 | 不 | 是 | 本 | 地 | 人 |

21) **谢谢** xièxie: thanks, thank you 谢谢你帮忙，太谢谢你了！

| 谢 | 谢 | | | 谢 | 谢 | 你 | 帮 | 忙 | | |

B | 13.2) Pinyin to Characters

Write out the characters that correspond to the pinyin. Pay special attention to the stroke order.

1) _____
   qiánbāo fàngzài zhuōzi shang

2) _____
   nà zhāng huà guàzài qiáng shang

3) _____
   bāng wǒ ná yì bǎ yǐzi

4) _____
   hǎoxiàng tā bú shì wǒmen de fǔdǎoyuán

5) _____
   chuáng dǐxia yǒu hěn duō dōngxi

6) _____
   tā pǎojìn lóu qù le

7) _____
   shéi de yàoshi diū le

8) _____
   xièxie nǐ bāng wǒ de máng

Read the whole passage, then write the pinyin directly under each underlined item.

小东在<u>商店里</u>买东西，可是找不到他的<u>钱包</u>了。<u>正好</u>小南打电话来，他就叫小南<u>帮</u>他看看钱包在不在家里。小南说，钱包不在<u>桌上</u>，也不在<u>床上</u>。小南<u>打完电话</u>以后，那个<u>奇怪</u>的人就上楼来了。小南听见他问："有人在家吗？"小南没说话，也没<u>开门</u>，<u>然后</u>就看见那个人<u>下楼</u>去了。小南觉得他<u>不像</u>是<u>坏人</u>，所以就出去问他<u>找谁</u>。那个人说，他找一个叫林小东的人。他是一个<u>出租车司机</u>，小东的钱包<u>忘在</u>他的<u>车上</u>了，所以他就<u>送过来</u>了。小南<u>谢谢</u>他，她觉得这个司机<u>真是一个好人</u>。

First read each item until you understand it fully. Then type it out using pinyin. <u>Check your output to make sure the</u> <u>characters are accurate.</u>

Review the vocabulary lists in this lesson before doing this exercise. Type each item twice.

A: 我找不到我的钥匙了，不知道是不是丢了。

B: 早上我看见有一把钥匙放在桌子上。

A: 对，可是我拿了。我记得中午还用了那把钥匙，可是现在找不到了。

B: 书架上你找过了没有？还有床底下、椅子上、门后面……

A: 什么地方我都找过了，可是都没有，也没有挂在门上。

B: 今天中午你是不是在学生餐厅吃的午饭？会不会忘在餐厅里了？

A: 对，好像是忘在餐厅里了，我赶快去找一下。如果你去教室，
麻烦你也帮我看一下。……

B: 你不用找了，我已经找到你的钥匙了。你看这是不是你的那把钥匙？

A: 就是它！你是在哪里找到的？在教室里吗？
　　　tā

B: 不是，就是在我们外面的楼梯上找到的。你今天是走上楼来的吗？

A: 对，中午出去的时候我忘了带钱包了，所以我又跑上楼来拿钱包，
然后也是跑下楼去的。

B: 所以钥匙掉在楼梯上了！
　　　　　diào

A: 哎呀，真是太谢谢你了！
　　āiyā

B: 不用谢，应该的。我很高兴能帮你找到这把钥匙。

UNIT 14
Tasks to Be Done

A | 第一课

把这些事情做完
Get these things done

(Note that some words may have already appeared in previous units.)

1) 客厅 **kètīng**: living room 一间很大的客厅
   (客: guest; 厅: hall)

2) 卧室 **wòshì**: bedroom 这间屋子是卧室，一共有两间卧室
   (卧: lie on bed)

3) 卫生间 **wèishēngjiān**: bathroom 这套公寓的卫生间很新很干净
   (卫生: sanitary)

4) 茶几 **chájī**: tea/coffee table 一张茶几

| 茶 | 几 | 茶 | 几 | | 那 | 张 | 茶 | 几 | | |

5) 盒子 **hézi**: box, case 一个盒子，地上有很多大盒子，书放在那个盒子里
   (盒 is also used as a measure word for boxed items: 一盒东西)

| 盒 | 盒 | 盒 | | 盒 | 子 | 盒 | 子 | | | |

6) 箱子 xiāngzi: chest, box 一个箱子
(箱 can also be a measure word for packaged items: 一箱水果，一箱汽水)

| 箱 | 箱 | 箱 | | 箱 | 子 | 箱 | 子 | | | |

7) 纸箱 zhǐxiāng: paper box, carton 一个大纸箱，东西都放在纸箱里

| 纸 | 纸 | 纸 | | 纸 | 箱 | 纸 | 箱 | | | |

8) 照片 zhàopiàn: photograph, picture 一张照片，墙上有几张照片，这张照片挂在哪儿？
(照: shoot a photo; 片: film, a thin piece)

| 照 | 照 | 照 | | 片 | 片 | 片 | | 照 | 片 | |

9) 礼物 lǐwù: gift, present 这盒礼物是给谁的？很漂亮的礼物
(礼: rite, courtesy, gift; 物: object, goods, thing)

| 礼 | 礼 | 礼 | | 物 | 物 | 物 | | 礼 | 物 | |

10) 条子 tiáozi: note, slip 写一张/个条子，留一张/个条子，是谁留的那张条子？

| 条 | 条 | 条 | | 留 | 条 | 子 | | | | |

11) 信 xìn: letter, mail 写信，我经常给朋友写信

| 信 | 信 | 信 | | 经 | 常 | 写 | 信 | | | |

12) 封 fēng: (measure word, used for letters) 一封信，这几封信
(封 as a verb means to "seal" a letter or package)

| 封 | 封 | 封 | | 这 | 封 | 信 | | | | |

13) **信封** xìnfēng: envelope 一个信封，大信封

| 信 | 封 | 信 | 封 | | 一 | 个 | 信 | 封 | | |

14) **寄** jì: mail, send, post 寄信/礼物，寄给他，寄到哪里去？寄出去了没有？

| 寄 | 寄 | 寄 | | 寄 | 信 | | | 寄 | 出 | 去 |

15) **送** sòng: send, deliver 送一封信，送礼物，送给他，送到那栋楼去

| 送 | 送 | 送 | | 送 | 信 | | | 送 | 给 | 他 |

16) **借** jiè: borrow, lend 跟他借书，跟她借钱；这本书你借给谁了？

| 借 | 借 | 借 | | 借 | 书 | | | 借 | 钱 | |

17) **还** huán: return, give back 还书，还钱，书已经还给图书馆了

| 还 | 书 | | 还 | 钱 | | 还 | 给 | 图 | 书 | 馆 |

18) **收拾** shōushi: put in order, tidy up, pack 收拾东西，收拾屋子，屋子收拾得很干净

| 收 | 拾 | 收 | 拾 | | 收 | 拾 | 东 | 西 | | |

19) **留** liú: leave (a note, message) 给他<u>留</u>个<u>条子</u>，在电话上<u>留言</u>
(留条子: leave a note; 留言 yán: leave a message)

| 留 | 留 | 留 | | 留 | 条 | 子 | | 留 | 言 | |

20) **让** ràng: to let, make (sb. do) 让他做这件事，让他们收拾屋子

让	让	让		让	他	做				

A 14.2) Pinyin to Characters

Write out the characters that correspond to the pinyin. Pay special attention to the stroke order.

1) _____
   bǎ chájī bāndào kètīng qù

2) _____
   bǎ nà hé lǐwù jì chūqu

3) _____
   bǎ zhè zhāng tiáozi fàngzài hézi li

4) _____
   ràng tā bǎ wūzi shōushi gānjìng

5) _____
   bǎ tā jiègěi wǒ de shū huángěi tā

6) _____
   bǎ zhè zhāng zhàopiàn guàzài shūfáng li

7) _____
   bǎ zhè fēng xìn jìdào Zhōngguó qù

8) _____
   bǎ zhè zhāng huà sònggěi shéi

A 14.3) Characters to Pinyin

Write the pinyin for each phrase/sentence.

1) 卫生间就在卧室旁边 _____

2) 床底下有几个纸箱 _____

3) 那盒礼物是寄给谁的 _____

4) 这个信封上没写地址 _____

5) 你给谁留条子 _____

First read each item until you understand it fully. Then type it out using pinyin. <u>Check your output to make sure the</u> <u>characters are accurate</u>.

Review the vocabulary lists in this lesson before doing this exercise. Type each item twice.

1) 你要买什么东西？
  — 我要买一个礼物，送给我的一个朋友。

2) 今年你打算送什么礼物？你打算寄给她还是自己带回去？

3) 我能不能借你的笔用一下？
  — 不好意思，我的笔借给那个人了，他还没还给我。

4) 你要我做什么？
  — 请把这本书<u>还给小王</u>，把那些书<u>放在那个盒子里</u>。

5) 你要我帮忙吗？
  — 对，请帮我把这些衣服<u>拿到楼上去</u>、<u>放在床上</u>。

6) 你周末要做什么？
  — 我得把屋子<u>收拾一下</u>，把不要的东西<u>搬到外面去</u>。

7) 你明天出去吗？
  — 不出去，我得赶快把这本书<u>看完</u>，(把它)<u>还给图书馆</u>。

8) 你打算把你的书<u>卖给书店</u>吗？
  — 对，我想把这几本书<u>卖给书店</u>。

9) 别忘了把桌子上的那封信和那盒礼物寄出去。
  — 放心吧，我记住了。

10) 老师，今天的作业是什么？
  — 你们要把第一课的生词<u>记住</u>，把听力练习<u>做完</u>。

B | 14.1) Trace and Write

(Note that the following exercises include items introduced previously.)

1) 衣柜 yīguì: wardrobe 桌子旁边有一个大衣柜

2) 沙发 shāfā: sofa 那个沙发是什么颜色 (yánsè)?

3) 灯 dēng: light, lamp 这个灯已经坏了，我们把它扔了吧?

4) 袋子 dàizi: bag, sack 地上有几个袋子

5) 丢 diū: lose 钱包丢了，钥匙丢了，她把钥匙丢了

6) **懂 dǒng**: understand, comprehend 你看懂了没有，听得懂听不懂？

懂	懂	懂		听	懂			读	懂	

7) **搞 gǎo**: do, make, manage, manipulate 把这句话的意思搞懂，把书搞丢了

搞	搞	搞		搞	懂			搞	丢	

8) **弄 nòng**: do, make, manage, manipulate 你把电视机弄坏了，你还得把它弄好

弄	弄	弄		弄	坏			弄	好	

9) **忘 wàng**: forget, forgotten 把东西忘在书店里了，忘了带钥匙了

忘	忘	忘		忘	了	钥	匙			

10) **错 cuò**: wrong 搞错了，做错了，别把地址搞错了

错	错	错		搞	错			做	错	

11) **累 lèi**: tired 累不累？太累了，有点累，一点儿也不累

累	累	累		累	不	累				

12) **休息 xiūxi**: rest, take a break 我太累了，想休息一下。

休	休	休		息	息	息		休	息	

13) 拿 ná: take 把这个袋子拿走，拿出去，把画拿下来

拿	拿	拿		拿	走			拿	出	去

14) 搬 bān: move 搬家，搬东西，把东西搬走，搬出去

搬	搬	搬		搬	东	西		搬	走	

15) 扔 rēng: throw 把不要的东西都扔了，扔出去，扔到外面去

扔	扔	扔		扔	出	去				

16) 寄 jì: send by postal mail 我把那封信寄走了，寄到中国去了，寄给一个朋友了

寄	寄	寄		寄	信			寄	走	了

17) 借 jiè: lend/borrow 她把那本书借走了，你别把车借给他

借	借	借		借	走	了				

18) 着 zhe: (particle) 坐着，别站着，画还在客厅里挂着，他正在学着中文

着	着	着		站	着			挂	着	

19) 收拾 shōushi: clean up 收拾干净，收拾好了，正在收拾着东西

收	拾	东	西		收	拾	干	净		

20) **起来** qǐlai: get up, up 快起来，站起来，拿起来，把画挂起来

起	来	起	来		快	起	来			

B | 14.2 | Pinyin to Characters

Write out the characters that correspond to the pinyin. Pay special attention to the stroke order.

1) _____
   shāfā pángbiān de yīguì

2) _____
   bāng wǒ bǎ dōngxi ná chūqu

3) _____
   bǎ huà guà qǐlai, guàzài kètīng li

4) _____
   wǒ bǎ dìzhǐ gěi wàng le

5) _____
   zhuōzi shang de dēng huài le

6) _____
   wǒ bǎ nà fēng xìn jìzǒu le

7) _____
   wǒ bǎ yàoshi gěi gǎodiū le

8) _____
   bié bǎ wǒ de dōngxi nònghuài le

Read the whole passage, then write the pinyin directly under each underlined item.

妈妈回来的时候，小东正在<u>收拾着书</u>。小南在客厅里<u>坐着听音乐</u>，妈妈叫她<u>快起来</u>，把地上的东西<u>收拾干净</u>。小东<u>告诉</u>妈妈，他们<u>把旧电脑送给</u>王阿姨的儿子了，<u>还把游戏机卖了</u>。他说，他<u>不小心把灯弄坏了</u>，所以他就把灯<u>给扔了</u>。爸爸回来了，问<u>礼物</u>和信是不是也<u>寄出去了</u>。小南说，礼物是寄出去了，可是信没有寄出去。为什么？<u>因为</u>小南不小心把信<u>给弄丢了</u>，可能是把信<u>和垃圾一起扔了</u>。妈妈觉得小南做事<u>真不小心</u>！有意思的是，妈妈自己也不小心把东西<u>搞丢</u>了。她给小东和小南买了<u>披萨饼和炸鸡</u>，<u>放在</u>一个<u>袋子</u>里，可是她<u>把袋子忘在超市了</u>！

First read each item until you understand it fully. Then type it out using pinyin. <u>Check your output to make sure the characters are accurate.</u>

Review the vocabulary lists in this lesson before doing this exercise. Type each item twice.

A: 怎么地上有这么多东西？是你的吗？

B: 是我的，我今天要搬出公寓去，可是电梯坏了，所以我下不去了。

A: 那我帮你把东西搬下楼去吧。

B: 这么多东西，我们两个人搬不完。

A: 那我们先搬这个沙发吧。我在前面，你在后面。

B: 好吧，我们试试看吧。小心一点，别把沙发弄坏了。

A: 小王，你把那盒礼物送到北楼去了吗？

B: 送去了。我刚才一吃完饭就送去了。

A: 奇怪！我刚才打电话问过他们，他们说没人送东西过去。
    qí guài

B: 我真的送过去了。我把东西给了一个姓李的。

A: 姓李的？那个办公室没有姓李的。你是不是把地址搞错了？

B: 不会吧，我记得地址是北楼105室，对吗？

A: 什么？你把礼物送到105室去了？应该是705室！

B: 真的吗？不好意思不好意思，是我看错了，我再去一次吧。

Reading Program

我的故事

Written by Yuan-Yuan Meng

1.我和文心是怎么认识的

　　我是美国人。我的英文名字叫Alley Welsh，中文名字叫王爱丽。我现在在美国上大学一年级。

　　我有一个台湾朋友，名字叫方文心，我们是高中的时候认识的。高中三年级的暑假①，我到台北去学中文，跟一个台湾家庭②住在一起。那家人姓方，文心就是方先生和方太太的第二个女儿。

　　文心有个姐姐，叫方文宜，她比文心大三岁，我们都叫她"大姐"。大姐那个时候在台中上大学，主修经济。因为她的学校离家很远，所以她住在学校的宿舍，放假的时候才回家。文心还有一个弟弟，叫方文奇，我们都叫他"小龙"，"小龙"是他的小名③。那时候，小龙还只是一个小学六年级的学生。

　　方先生和方太太五十多岁，跟我的父母差不

多大，我叫他们"方爸爸"和"方妈妈"。方爸爸是一个<u>医生</u>[4]，他工作很忙，<u>话很少</u>[5]。方妈妈跟他
yīshēng

很不一样，她是历史老师，很喜欢跟人聊天，也很

会<u>说故事</u>[6]。我每天都跟她聊半个多钟头，跟她聊
gùshi

天很有意思。

　　我跟文心的家人住在一起，每天都有很多机会听中文、说中文，所以那年从台湾回到美国以后，大家都说我的中文比以前好多了。

1A　回答问题

1) 王爱丽和方文心是怎么认识的？

2) 方文心的家有几口人？

3) 方文心的父母做什么工作？

4) 方文心的姐姐是学什么的？她为什么不住在家里？

5) 方文心的弟弟那个时候差不多有几岁？

6) 王爱丽在台湾留学了以后，她的中文怎么样了？

7) 如果你去中国留学，你想住在中国人的家里还是住在学校？
为什么？

1B 写出拼音 (Pinyin)

1) 名字 _____

2) 朋友 _____

3) 高中 _____

4) 认识 _____

5) 主修 _____

6) 经济 _____

7) 宿舍 _____

8) 聊天 _____

9) 有意思 _____

10) 以前 _____

1C 写出英文意思

1) 暑假 _____

2) 家庭 _____

3) 小名 _____

4) 医生 _____

5) 话很少 _____

6) 说故事 _____

2.我们的爱好

文心跟我是同一年生的，她的生日是3月3日。两个3很特别，所以很好记。我比她小四个月，我出生的那个月，正是一年最热的时候。

我们两个人的爱好差不多，我们都喜欢运动、看电影、读小说、听音乐。文心的乒乓球打得很好，是她们学校乒乓球社的。她每个星期一、三、五下午都会到学校练习，每周练习6个小时。我虽然不会乒乓球，但是网球打得还可以。在美国的时候，我每个周末都会跟朋友去公园打球。另外，我也学过一年的中国功夫，我的功夫老师是一个广东人，他教得很好。我本来打算在台北也学一点武术，可是时间不太够，最后只好不学了。

我暑假的中文课，每天从早上9点上到中午12点。下午的时间，<u>国语中心</u>①就<u>安排</u>②我们参加各种课外活动。有的时候我们练习中国<u>书法</u>③，有的

ānpái

shūfǎ

时候看武术<u>表演</u>[4]，有的时候唱中文歌，有的时候
biǎoyǎn
看中文电影；还有的时候，老师会带我们到商场去
买东西、练习跟卖东西的人讲价。

　　文心暑假的时候也得上课。从星期一到星期
五，她每天最少要上两节课，回家以后还要做很多
作业。另外，她的老师也常常给他们考试。听她
说，台湾的高中生都跟她一样，天天都很忙很累。
美国的高中生虽然也很忙，但是假期里不必天天考
试，也不必做很多作业。他们比较有时间旅游、打
工、参加球赛，或者到别的国家留学。文心说，美
国高中生的生活比台湾的有意思多了。

1) 爱丽跟文心，谁比较大？

2) 爱丽是哪一个季节 (season) 生的？
   jìjié

3) 爱丽跟文心有什么共同的 (common) 爱好？
   gòngtóng de

4) 文心参加她学校的什么社团？

5) 文心每个星期练习多长时间的乒乓球？

6) 爱丽会打什么球？打得怎么样？

7) 爱丽的功夫老师怎么样？

8) 爱丽在台湾每个星期上几天中文课？

9) 下午的时候，爱丽参加什么课外活动？

10) 文心觉得台湾高中生的生活怎么样？

11) 你觉得学生在假期的时候，应不应该做作业？为什么？

写出拼音 (Pinyin)

1) 特别 _____

2) 爱好 _____

3) 运动 _____

4) 电影 _____

5) 音乐 _____

6) 周末 _____

7) 还可以 _____

8) 时间 _____

9) 活动 _____

10) 上课 _____

11) 考试 _____

12) 作业 _____

2C 写出英文意思

1 国语中心 _____

2 安排 _____

3 书法 _____

4 表演 _____

　　住在文心的家里，开始的时候有些事情我不太习惯[1]。比方说，方妈妈总是说我太瘦[2]，应该多吃些东西，而且什么菜都要吃一点，不喜欢的东西也得吃。她也要我少喝汽水，说甜的饮料对身体[3]不好。还有，晚上9点以后，她不让[4]我们上网，也不让我们看电视。她说如果我们用太多时间来上网和看电视，就会睡不好觉——"睡觉如果睡得不好，那还能好好学习吗？"不过，有时候我想在9点以后用Skype跟我的美国家人聊天，她也会很高兴地说："好，没问题！"

　　慢慢地，我习惯了方妈妈的规矩[5]，也爱上[6]了她的拿手菜：宫保鸡丁[7]、香干肉丝[8]、酸辣汤[9]和牛肉面。虽然这些菜我在美国的中国餐馆都吃过，但是美国的中国菜好像只有一种味道，没有方妈妈的菜好吃。我经常跟她说："您做的菜比美国的中国菜好吃多了，您到美国来吧！"这时，她就会说："我们这儿有这么多吃不完的好东西，你就别回美国了吧！"

在方家住了两个月以后，我胖[10]了一点，也开
pàng
始吃一些以前不爱吃的蔬菜和豆腐[11]。而且，我还
dòufu
学会了怎么做牛肉面。现在，牛肉面也是我的拿手菜了！

3A 回答问题

1) 开始的时候，什么事情让爱丽不开心？

2) 方妈妈为什么不喜欢孩子晚上9点以后上网、看电视？

3) 方妈妈菜做得怎么样？她有些什么拿手菜？

4) 方妈妈的菜和美国餐馆里的中国菜有什么不同？

5) 爱丽在台湾学会了做什么菜？

6) 爱丽为什么胖了呢？
pàng

7) 如果你有机会学习做菜，你想做哪个国家的菜，为什么？

1) 比方说 _____   7) 睡觉 _____

2) 应该 _____   8) 聊天 _____

3) 甜的 _____   9) 拿手菜 _____

4) 饮料 _____   10) 好像 _____

5) 上网 _____   11) 味道 _____

6) 电视 _____   12) 吃不完 _____

3C 写出英文意思

1 习惯 _____   7 宫保鸡丁 _____

2 瘦 _____   8 香干肉丝 _____

3 身体 _____   9 酸辣汤 _____

4 让 _____   10 胖 _____

5 规矩 _____   11 豆腐 _____

6 爱上 _____

4.方爸爸

　　方爸爸虽然工作很忙，话很少，但是有时候也会跟我聊一下天。我们聊什么呢？因为我喜欢音乐，方爸爸也是个音乐迷，所以我们聊音乐。我们也聊书，方爸爸问我喜欢看什么书，我说我喜欢小说。一打开小说，我就忘了生活[1]里的问题——作业啊、考试啊、男朋友啊，这些问题都不见了，然后我就觉得非常开心。我问方爸爸看不看小说，他说没时间看。他不忙的时候喜欢看政治[2]和历史的书，这些书帮助他明白很多事 。
shēnghuó
zhèngzhì

　　有一次，方爸爸请我和文心去听了一场非常棒[3]的音乐会。音乐会完了以后，他带我们到附近的一家书店买书。那家书店很大，而且干净、现代，有一点像美国的 Barnes and Noble。书店里书多人也多，在那里可以看到老人、年轻人[4]和小孩，也能买到英文书和日文书。我看到英文书的时候特别
bàng
niánqīngrén

高兴，因为那时我认识的中文字还太少，书店里的中文书我都看不懂。想看书的时候，只能看英文的。

那天我买了英国人 George Orwell 写的《一九八四》，这本书是我的英文老师推荐我买的。有意思的是，虽然方爸爸很少读小说，但是他年轻⑤的时候也读过这本书。他说这本书写得很有意思，读了以后，人会比较聪明。

niánqīng

4A 回答问题

1) 爱丽跟方爸爸聊天聊什么？

2) 爱丽跟方爸爸有什么共同的(common)爱好？

3) 爱丽喜欢读什么书？

4) 方爸爸喜欢读什么书？

5) 爱丽的生活(life)里有些什么问题？

shēnghuó

6) 爱丽他们去的那家书店怎么样？

7) 书店里可以买到什么书？

8) 爱丽在书店里买了什么？

9) 《一九八四》这本书是谁推荐爱丽买的？方爸爸觉得这本书怎么样？

10) 你的学校有没有特别推荐学生读什么书？学校推荐了哪些书？
书是谁写的？写得怎么样？请你谈谈一本学校推荐你们读的书。

4B 写出拼音 (Pinyin)

1) 音乐迷 _____   7) 干净 _____

2) 小说 _____   8) 现代 _____

3) 打开 _____   9) 认识 _____

4) 问题 _____   10) 推荐 _____

5) 帮助 _____   11) 聪明 _____

6) 附近 _____   12) 有意思 _____

4C 写出英文意思

1) 生活 _____

2) 政治 _____

3) 棒 _____

4) 年轻人 _____

5) 年轻 _____

5. 我17岁的生日

　　有一句话说，"女人的衣服总是_{zǒngshì}①少一件"，意思是说女人总是觉得自己的衣服不够多，总是想要买新的。我们如果到商场里去走一下，就会看见在里边买衣服、跟卖衣服的人讲价的，差不多都是女人。我觉得我的衣服够多了，也没打算在台北买新的。但是我在台北的第二个星期，方妈妈就给我买了一件T恤衫，还有一顶帽子。为什么呢？因为我的生日到了，所以她想给我一个惊喜_{jīngxǐ}②。

　　生日的前一天，方妈妈说："来，我带你到附近走走，然后去商场看看。"本来我以为她只是想买一点自己家里需要_{xūyào}③的东西，后来_{hòulái}④才知道是要给我买生日礼物_{lǐwù}⑤。我们走进了一家很大的商店，里边东西很多。从毛衣到运动服，从帽子到鞋子，女孩子平常穿的、用的，这里都有。售货员很好，她说我可以试几件我喜欢的衣服，不买也可以。最后我要了一件黄色的T恤衫。这件T恤衫价格不贵，颜色也很漂亮，方妈妈说对我很合适。然后，她又说："一件T恤衫怎么够？再来一顶帽子吧！"。所以我们又买了一顶蓝色的帽子，这顶帽子我也很喜欢。

生日那天，方爸爸和方妈妈请我到公寓楼旁边的一家餐厅吃晚饭。这家餐厅的菜做得非常好，而且他们还给我做了一个很特别的生日蛋糕。晚饭后，方爸爸和小龙先回家去；方妈妈、文心和我去餐厅的楼上唱卡拉OK。我们玩得很开心，玩到10点多才回家。就这样，我在台北过了一个难忘[6]的
nánwàng
17岁生日。

1) 为什么说"女人的衣服<u>总是</u>少一件"？这句话是什么意思？

2) 方妈妈为什么带爱丽去商场买东西？

3) 方妈妈给爱丽买了什么礼物？

4) 方妈妈买的那件T恤衫怎么样？

5) 生日那天，爱丽是在哪儿吃晚饭的？那个晚饭跟平常有什么不一样？

6) 晚饭后，爱丽他们又做了什么？

7) 爱丽觉得她的17岁生日过得怎么样？

8) 你的17岁生日是怎么过的？如果你还不到17岁，你打算怎么过你的17岁生日？

5B　写出拼音 (Pinyin)

1) 衣服 _____	7) 鞋子 _____
2) 觉得 _____	8) 售货员 _____
3) 新的 _____	9) 价格 _____
4) 商场 _____	10) 颜色 _____
5) 看见 _____	11) 漂亮 _____
6) 毛衣 _____	12) 合适 _____

5C 写出英文意思

1. 总是 _____

2. 惊喜 _____

3. 需要 _____

4. 后来 _____

5. 礼物 _____

6. 难忘 _____

6. 到其他地方去走走

"来到台湾不能只是待在台北，爱丽应该到其他地方走一走。"有一天吃早餐的时候，方妈妈跟大家说，她正计划让我到台中、台南和台东这些地方玩玩。

方爸爸说，他可以找一个星期六，开车带大家先到台中看看文心的姐姐，然后再到台南看看文心的<u>奶奶</u>[1]。文心说，到台中和台南不用<u>麻烦</u>[2]爸
nǎinai   máfan
爸妈妈，我们自己坐高铁去就行了。方妈妈说："那也对，高铁又快又方便，让她们自己去吧。这个周末文心和爱丽都有三天的假期，而且天气很不错，她们自己可以玩得很好。"最后，文心和我<u>决定</u>[3]星期五下午坐高铁到台中找大姐。
juédìng

从台北开车到台中要三个多钟头，可是坐高铁去，一个多小时就到了。我们一下火车就坐<u>公共汽车</u>[4]到大姐的学校去。东海大学很大，校园
gōnggòng qìchē

里有很多绿树，非常漂亮。听说很多男女朋友约会的时候，都喜欢来这儿。大姐今年上大二，在东海大学学经济。虽然已经暑假了，但是她不回台北。她待在台中打工，给中学生辅导数学。另外，她也帮她的老师做一些工作：到图书馆借书、上网找资料[5]等。
zīliào

那天天气很好，大姐带我们在校园里走了两个钟头，然后到学生餐厅吃晚餐，晚餐后我们到学生中心看了一场电影。那个电影是台湾的，叫《南国再见，南国》。虽然有中文字幕[6]，但我还是没看懂，不知道电影想说什么。文心说她只看懂了一半；大姐说电影很好看，她很想再看一次[7]。
zìmù

1) 方妈妈觉得爱丽在台湾应该怎么样？

2) 方爸爸本来打算怎么帮助爱丽在台湾旅行？

3) 文心和爱丽最后要去哪里做什么？

4) 她们是怎么去台中的？是开车去的还是坐火车去的？

5) 大姐在什么学校上学？她是学数学的吗？

6) 暑假的时候，大姐回台北了吗？她在台中做什么？

7) 爱丽她们看了什么电影？是在哪里看的？

8) 爱丽她们三个人觉得《南国再见，南国》这个电影怎么样？
她们都看得很开心吗？为什么？

9) 你看过中文电影吗？你看过什么中文电影？电影是在哪里看的？
跟谁一起看的？那个电影怎么样？

1) 计划 _____

2) 高铁 _____

3) 方便 _____

4) 钟头 _____

5) 开车 _____

6) 校园 _____

7) 约会 _____

8) 辅导 _____

9) 借书 _____

10) 图书馆 _____

11) 一半 _____

12) 好看 _____

6C 写出英文意思

1 奶奶 _____

2 麻烦 _____

3 决定 _____

4 公共汽车 _____

5 资料 _____

6 字幕 _____

7 再看一次 _____

7. 有一次在地铁上……

在美国学中文的时候，走出了教室，我们就没有什么机会听中文或者说中文，但是在台湾就不一样了。在这里，走出中文教室以后，我还能继续[1]看到中文、听到中文。不管[2]是在街上走着、在商场买东西，还是[3]在餐厅吃饭，到哪里都有机会跟不认识的人用中文聊天。

jìxù　　　　　　　　　　　　bùguǎn

háishi

有一次在地铁上，我旁边的一个女孩看见我拿着中文课本，就问我是不是在台北学中文，学了多久了。我跟她说我学了一年多了，现在在"师大国语中心"上课。她听了以后说，"啊，师大？我就是师大的学生啊！我的主修是中国文学[4]，辅修是英文。你如果有中文的问题，可以来找我。"我问她愿不愿意跟我做语言交换，她马上说好，然后从书包里拿出了一支笔，在我的本子上写下了她的手机号码和电子邮件地址。我把我的也给了她。

就这样，我们开始了语言交换，每个星期见两次面，每次练习半个小时的英语和半个小时的中文。

我这个语伴名字叫林思明，她介绍自己的时候说，"我的名字叫思明，意思的思，明白的明"。思明很聪明，学什么都很快。我教她的英文单词，她差不多都记住了，而且能在聊天的时候说出来[5]。她的英文也写得很不错，没有太多语法的问题。我跟思明不一样，虽然我的中文听力还可以，但是中文单词我学得很慢，而且常常学了新的就忘了旧的。如果不天天复习，很快就会把学过的东西都忘了。

7A　回答问题

1) 爱丽觉得在台湾学中文有什么好处(advantage)？
　　　　　　　　　　　　　　hǎochù

2) 爱丽是在哪里认识她的语伴的？

3) 爱丽的语伴叫什么名字？她怎么介绍自己的名字？

4) 思明在哪个学校学什么？

5) 爱丽和思明在地铁上交换了什么？

6) 思明英文学得怎么样？

7) 爱丽和思明每个星期见几次面？每次见面练习多长时间？

8) 爱丽觉得自己中文学得怎么样？

9) 你想不想到中国去留学？在中国留学，会有什么美国没有的好处？

7B 写出拼音 (Pinyin)

1) 地铁 _____

2) 旁边 _____

3) 愿意 _____

4) 交换 _____

5) 书包 _____

6) 手机 _____

7) 语伴 _____

8) 单词 _____

9) 记住 _____

10) 旧的 _____

11) 复习 _____

12) 忘了 _____

1 继续 _____

2 不管 _____

3 还是 _____

4 文学 _____

5 说出来 _____

8.一个电子邮件

在台湾时，有一天我收到了一个电子邮件，是我的高中同学杰克寄来的。杰克的妈妈是上海人，会说上海话，也会说普通话。他的爸爸虽然是美国人，但也会说一点中文。杰克的妈妈从他很小的时候就教他写汉字、说普通话，还让他上中文学校，所以他的中文非常好。

亲爱的爱丽：

听说你现在在台北学中文，你在那里过得好吗？

对不起，我没有告诉你——我搬家了，搬到上海了！我爸爸的公司要他到上海的一家银行工作五年，所以我们就搬过来了。你知道我妈妈是上海人，她<u>离开</u>[1]上海已经有20年了，现在能有机会在
líkāi
这里住一段比较长的时间，她非常开心。搬来以后，她常常请她的一些老朋友到家里来吃饭聊天。不过，她们聊的差不多都是先生和孩子的事情，我觉得很没意思。

搬家前的那一个月，我们天天都忙死了。我和我妹妹帮我父母收拾屋子，把沙发、桌子、椅子和一些旧书送给别人，然后又把一些不用的东西扔了。我们还给很多朋友写信、打电话，告诉他们我们要到中国去了。我在收拾房间的时候，才知道自己的东西那么多，有些东西带不走，我也送给朋友了。

七月一日，我们带着十个箱子飞到上海来，住进了一个很漂亮的小区。我们的公寓楼很新，是两年前盖的，有电梯，上下楼很方便。小区旁边有超市、商店、餐厅、公园和绿地，而且离地铁站和公交车站都很近。暑假以后，我和妹妹就会开始在一所国际学校^②上学。从我家到那个学校，坐地铁10分钟就到了。

国际学校
guójì xuéxiào

台北离上海不远，希望你回美国以前可以来这里玩玩。我很想知道你现在怎么样了，有时间请你给我写个信。

杰克

1) 这个电子邮件是谁写的？

2) 杰克的中文为什么很好？

3) 杰克跟他父母搬到哪里去了？他们为什么要搬家？

4) 杰克的妈妈觉得搬到上海怎么样？

5) 杰克的妈妈跟她的老朋友聊些什么事情？这些事情杰克觉得有意思吗？

6) 搬家以前，杰克和他妹妹帮他们父母做了些什么事？

7) 杰克他们把所有的东西都带到上海了吗？

8) 杰克他们上海的公寓楼怎么样？

9) 他们的小区附近有些什么？

10) 杰克和妹妹会在什么样的学校上学？

11) 杰克为什么写电子邮件给爱丽？

12) 你觉得爱丽应该不应该去上海看看杰克和他的新家，为什么？

8B 写出拼音 (Pinyin)

1) 电子邮件 _____

2) 汉字 _____

3) 搬家 _____

4) 银行 _____

5) 忙死了 _____

6) 收拾 _____

7) 桌子 _____

8) 椅子 _____

9) 送给 _____

10) 写信 _____

11) 打电话 _____

12) 公寓楼 _____

13) 电梯 _____

14) 超市 _____

15) 公交车站 _____

8C 写出英文意思

1 离开 _____

2 国际学校 _____

　　有一个周末，文心的姐姐带她的男朋友回台北来跟她的家人见面。那是我们第一次见到这个男朋友，他叫高远。高远比大姐大10岁，在台中的一个大学教<u>物理</u>❶。
wùlǐ

　　高远和大姐是在火车上认识的，那一次他们两个人从台中坐火车到台北 —— 大姐要回家，高远要到台北看朋友。他们在火车上聊了很多事情，从学校的活动，到假期的计划，到最喜欢的餐厅，他们什么都聊。虽然是第一次见面，可是他们觉得好像已经认识很久了。方妈妈问她为什么喜欢高远，大姐说因为她跟高远在一起很开心，他们有说不完的话。

　　高远跟他的名字很像，他很高。他的家在台东，离台北也很远。他的爸爸以前在英国工作，所以他小学是在英国上的，上完小学以后他们才搬回台湾。他很喜欢旅行，上了大学以后，也去很多国家旅行过，都是自己一个人去的。我们在他的电脑里，看到了很多他的旅行照片②。
zhàopiàn

那天晚上，方妈妈做了八个菜请客，除了她的拿手菜宫保鸡丁③和香干肉丝④以外，晚饭还有
gōngbǎo jīdīng　xiānggān ròusī
麻婆豆腐⑤、烤羊肉⑥、酸菜鱼⑦和三个素菜，另外
mápó dòufu　kǎo yángròu　suāncài yú
还有一个海鲜汤⑧。大姐说，麻婆豆腐是高远的最
hǎixiān tāng
爱，能吃到方妈妈做的麻婆豆腐，他特别高兴。高远虽然是第一次来方家，但是他好像不紧张，跟方爸爸和方妈妈都聊得很好。那天方爸爸喝了一点酒，说的话比平常多一些。高远和文心的弟弟小龙也玩得很好，吃饭以前，他们一起玩了半个钟头的电脑游戏。

我听说方妈妈本来不太喜欢大姐和高远谈
tán
恋爱⑨，她觉得高远的年纪⑩有点大。不过，跟高远
liàn'ài　niánjì
见了面聊了天以后，方妈妈好像也喜欢高远了。

回答问题

1) 大姐和高远是怎么认识的？

2) 高远的家在哪里？他做什么工作？

3) 高远是在哪里上的小学？他为什么没在台湾上小学？

4) 高远喜欢旅行吗？他跟人一起旅行吗？

5) 高远最喜欢的一个菜是什么？

6) 方妈妈做了几个菜几个汤请高远？

7) 高远跟文心的弟弟小龙玩什么？他们玩得怎么样？

8) 你觉得方爸爸喜欢高远吗？为什么？

9) 方妈妈本来为什么不太喜欢高远？

10) 你觉得方妈妈为什么开始喜欢高远了？

9B 写出拼音 (Pinyin)

1) 男朋友 _____   8) 旅行 _____

2) 见面 _____   9) 电脑 _____

3) 火车 _____   10) 请客 _____

4) 假期 _____   11) 紧张 _____

5) 在一起 _____   12) 游戏 _____

6) 说不完 _____   13) 喝酒 _____

7) 英国 _____   14) 平常 _____

1 物理 _____

2 照片 _____

3 宫保鸡丁 _____

4 香干肉丝 _____

5 麻婆豆腐 _____

6 烤羊肉 _____

7 酸菜鱼 _____

8 海鲜汤 _____

9 谈恋爱 _____

10 年纪 _____

10. 我要给他们一个惊喜

高中三年级的暑假，我在台湾学了两个月的中文。那时，我跟台湾的一个家庭[1]住，跟他们的第二个女儿文心成了[2]好朋友。我也给自己找了一个语伴，她叫林思明，思明跟我是在地铁上认识的。我们做了一个多月的语言交换——我教她英语，她教我中文。我们也成了好朋友。

jiātíng / chéng le

暑期[3]的中文课结束[4]了以后，我离开[5]了台湾。离开的那一天，文心一家人都到机场[6]去送[7]我。他们要我找机会再到台北玩，也要我有空给他们写电子邮件。跟他们说再见的时候，我有一点想哭[8]。我跟他们说，"谢谢你们对我这么好，让我觉得好像在自己的家里。你们如果来美国，一定要来找我，我会带你们在我们那个城市里好好玩一玩。"

shǔqī / jiéshù / líkāi / jīchǎng / kū

我先坐飞机到上海找我的朋友杰克，跟他在那里玩了两天，买了一些东西，然后才回美国。

杰克说，虽然他的家人会在上海住五年，但是他只待一年。在上海的国际学校上完高中四年级以后，他就会回美国上大学，他希望⁹能上耶鲁(Yale)
xīwàng　　　　　　Yēlǔ
大学。

　　现在我是柏克莱(Berkeley)大学一年级的学生了，杰
　　　　　Bókèlái
克没有上耶鲁大学，他也到柏克莱来了。文心在台湾上了台湾大学，她的父母都很高兴。她跟她姐姐一样，也主修经济。我问她以后想做什么，她说她想到美国留学，然后回台北到银行工作。我们虽然离得很远，但是经常用电子邮件写信，有时候也用Skype聊天。有一天她在Skype上给我介绍了她的男朋友小易，小易是学电脑的。文心有电脑问题的时候，总是¹⁰找他帮忙。还有，他们两个人都参加学校
zǒngshì
的乒乓球社，经常一起打球。我问她大姐是不是还跟高远在一起，她说他们还在一起，而且打算两年以后结婚¹¹。小龙现在上中学二年级，每天都有很多
jiéhūn
作业和考试，已经没有时间玩电脑游戏了。

　　我在大学里还学着中文，这个学期老师开始让

我们读一些比较长的故事[12]。虽然我现在认识的字比在台湾的时候多，但是读中文故事的时候，还是读得很慢。我打算今年夏天[13]到北京去留学，在北京的时候多跟中国人交流，练习看中文电视和电影。北京的课结束了以后，我还要再去一次台湾。这一次，我要给方家的人一个惊喜[14]，我要把我的男朋友介绍给他们。你们知道我的男朋友是谁吗？他就是杰克！

xiàtiān

jīngxǐ

10A 回答问题

1) 爱丽在台湾学习的时候，跟谁成了好朋友？

2) 爱丽离开台湾的时候，觉得怎么样？她跟方家的人说什么？

3) 爱丽一离开台北就马上回美国了吗？

4) 杰克为什么没有跟他的家人在上海待着？

5) 杰克本来想上耶鲁大学，你觉得他后来为什么到柏克莱大学去了？

6) 文心在台湾上了什么大学，主修什么？

7) 文心上完了大学打算做什么？

8) 爱丽和文心怎么保持联络 (stay in touch)?
   bǎochí liánluò

9) 文心的男朋友是谁？他是一个什么样的人？

10) 大姐跟高远还在一起吗？他们有结婚的打算吗？

11) 小龙现在怎么样了？

12) 爱丽在大学里还学中文吗？她在中文课上读什么？

13) 爱丽今年夏天计划做什么？

14) 到了北京，爱丽打算怎么练习中文？

15) 上完了北京的中文课以后，爱丽想做什么？

16) 爱丽想给方家的人什么惊喜？

10B 写出拼音 (Pinyin)

1) 自己 _____

2) 语言交换 _____

3) 教英语 _____

4) 有空 _____

5) 再见 _____

6) 城市 _____

7) 坐飞机 _____

8) 然后 _____

9) 以后 _____

10) 经常 _____

11) 介绍 _____

12) 帮忙 _____

13) 参加 _____

14) 留学 _____

15) 交流 _____

16) 知道 _____

1 家庭 _____

2 成了 _____

3 暑期 _____

4 结束 _____

5 离开 _____

6 机场 _____

7 送 _____

8 哭 _____

9 希望 _____

10 总是 _____

11 结婚 _____

12 故事 _____

13 夏天 _____

14 惊喜 _____